明石元二郎

Akashi Motojiro

埋骨於台灣的日本總督　日俄戰爭的諜報大將

賴青松　編著

明石元二郎寫眞帖

寫真帖為明石元紹先生（明石元二郎之孫）提供。

幼兒時期的明石元二郎

陸軍步兵少尉明石元二郎：1883年12月底，明石升任步兵少尉時於東京新橋丸木照相館拍攝。

1901年5月左右攝於巴黎，明石時任駐法公使館附屬武官，官拜中佐。

明石參加瑞典大演習觀禮（拍攝時間不詳）

1895年8月左右，明石時任近衛師團參謀步兵少佐（32歲），與北白川宮能久親王（中央）隨行南下台灣。明石為左起第一位，兩個月後親王於台南作戰中病逝。

駐法公使館附屬武官時期：1901年，明石與各國公使館武官一起拍影。第二排左起第二位為明石，當時其官拜陸軍中佐。

1918年攝於台灣，左側為明石元二郎，右側為當時的總務長官下村宏。

1918年攝於東京，前排左起第一位為明石，他身旁則為田中義一（時為中將，後擔任內閣陸軍大臣）

朝鮮總督府時期的明石：1914年4月底，明石晉升參謀次長時所拍攝的紀念照片。後排右起為鈴木久治、小島清藏、柳原隆市、松綺速、徐廷惠、武藤要作、佐藤勝三郎，前排中央為明石元二郎，右邊為負責料理家務的古關唯助，左邊為明石山邊最忠誠的松村治中尉。

1915年攝於熊本，明石時任第6師團長，官拜陸軍中將。

1918年攝於台灣，明石時任台灣第七任總督，官拜陸軍大將。

1919年，明石攝於台灣，最右側為前民政長官後藤新平。

1919年攝於台灣，為某處神社的獻燈紀念儀式，中央身穿白色制服頭戴白色頭盔者為石井光次郎秘書官。

1919年，明石時任台灣總督，攝於總督官邸內。

1919年攝於台灣，在台灣島內巡查時與原住民合影。

明石元二郎之墓，1919年11月3日，明石以台灣總督府葬的下葬於台北市郊的三板橋墓地，墓碑上的文字為「台灣總督台灣軍司令官陸軍大將男爵明石元二郎墓」。

目次

序文

再會總督，明石元二郎

賴青松

或許，人世間真有一股奇妙的因緣力量，戊戌年後不久，接到前衛出版社捎來的訊息，表示希望重新出版明石元二郎傳奇這本書，驀地將自己的思緒，再度拉回那個國土震動，社會動盪，青春的心驛動不已的二十世紀終結前夕……。

一九九九年底，台灣總督明石元二郎傳奇出版，這也是自己意外踏上寫作之路的起點。當時，筆者離開主婦聯盟共同購買中心副總的職位方纔一年多，在友人引介下，開始以日文翻譯維生。由於過去在日本生活俱樂部生協（消費合作社）實習的經驗，加上經常協助文書往返的翻譯工作，因此雖是新手上路，做來還算得心應手。

某日，在台灣史啟蒙恩師楊碧川先生的介紹之下，得知曾任台灣第七任總督明石元二郎的後代子孫，有意在台出版其生平傳記，詢問我是否有興趣承接這一份工作。當時，台北市十四、十五號公園預定地的拆遷爭議正鬧得沸沸揚揚，而明石總督的官墓也在違建拆除之後重見天日，而接下來如何安排先人遺骨的去處，並且給予其歷史上的評價，想來也是為人子孫者費心之所在。

然而，由於自己並非歷史科班出身，筆耕人生剛剛起步，望著案頭上成堆的明石生涯相關書籍與影印資料，難免有種頭皮發麻的感覺！但是這份請託卻也有著另一股魔力，對於解嚴那年高中畢業，大二加入成大台語社（台灣語文研究社），大三躬逢野百合學運的筆者來說，內心深處中有著莫名的衝動，希望藉此親身參與揭開台灣身世之謎的過程！畢竟，身為接受黨國教育成長的一代，對於自身所處的斯土斯民，有種理所當然的視而不見症候群，直到負笈成大，某個偶然機緣發現圖書館裡有間日文圖書室，珍藏著日治期間各類台灣珍貴史料，自己才驚覺若無法掌握日文這項工具，身為台灣人將永遠無法明白歷史的真相！

正式接下這份重責大任之後，卻彷彿走進了隱晦幽微的台灣歷史現場，有機會從日本殖民者的立場，從台灣總督的角度，重新審視腳下這片再熟悉也不過的民情風土，原來凡走過必留下痕跡，許多我們今日依舊面對的課題，早在明石總督統領蓬萊寶島時就已埋下伏筆……。

每逢時代的轉捩點，歷史都會造就出許多引領變革的風雲兒，出身九州藩士家庭的明石元二郎正是其中之一！明治維新以來，險中求生的日本選擇了富國強兵的西化道路，因家貧不得不投身軍旅的明石，也因此迎向了世界的舞台！然而個性耿直，滿腔忠君愛國思想的他卻無緣征戰沙場，因緣際會下成為派駐歐洲列國的情報官，不僅周旋於歐陸各國革命份子之間，甚至與鼎鼎大名的列寧言辭交鋒，說服俄羅斯的革命黨人接受日本帝國的資金與武裝援助，不僅直接翼助了日俄戰爭的勝利，也間接促成日後帝俄沙皇體制的崩解。

日俄戰爭結束後，明石奉命回到東亞，迎向人生的第二個高峰。他首先被任命為韓國駐劄憲兵隊隊長，之後更轉任韓國駐劄軍參謀長，首要任務即為輔佐韓國統監穩定朝鮮半島的局勢，必要時不惜以各種高壓手段鎮壓朝鮮的反抗份子。或許是命運之神開的玩笑吧，不久前，還在歐陸積極串連革命份子，與社會主義者廣結善緣，反抗帝俄統治的明石，一轉眼卻化身為日本帝國主義的鐵衛，驅使軍警兩大系統全力捍衛日本殖民者在朝鮮半島的利益，最終成為日本帝國順利併吞韓國的一大功臣！

從日俄戰爭的幕後英雄，再到日韓合併的鐵血將軍，明石的人生充滿了劇烈的矛盾。而在傳統忠義文化教養下成長的他，卻也始終無法融入統治階層爾虞我詐的世間流俗！因此，儘管在戰場上功勳彪炳，明石在仕途上的發展總是不如人意，甚至還萌發不如歸去的想法，或許該感謝命運之神的安排，台灣這塊帝國最南端的新納國土，最終成為這位失意英雄的人生救贖之地！

從一九一八年到台灣赴任總督，到一九一九年於任上猝逝，依其遺志下葬於斯，成為唯一埋骨台灣的日本總督，明石幾乎是傾畢生之力，為日本帝國經營台灣這片南方的新天地！對明石有知遇之恩的川上操六參謀次長，在首次南巡視察新領土台灣島時，便曾向當時仍是青年軍官的明石強調，台灣將成為東洋和平的心臟！而明石走馬上任之際，一次大戰的戰火方歇，世界局勢依舊動盪，對志在南進拓展帝國勢力的日本而言，台灣乃是千里之外南方海上不沉的堡壘，萬一發生戰爭，台灣總督必須有獨立作戰與長期抗戰的打算，這也是台灣當時在財政與政治上與日本內地切割獨立的理由。

當時的台日兩地的社會，都將明石視為繼兒玉源太郎之後的傑出總督人才，而明石上任後，唯一公開在媒體上發表的文章——「自覺地發展：首先必須自行精確地調查」，文中便明白指出南進雖是台灣未來的出路，然而唯有不分官民，自主地廣蒐情報，實地調查之後，才能夠擬出具體可行的方案，而非時時揣摩上意或追隨官方方針……官方預算有其極限，若民間業者在調查之後決心推動的事業，若其對國家社會有經濟上必然的重要性，無論在金錢或其他任何形式的資源上，當局都將進行盡可能的補助與支援！如此鏗鏘之論，即使放諸今日依舊擲地有聲！

觀諸明石在任總督的一年有餘，確實看得出他試圖一展政治長才的雄心壯志，在短暫的任期內，以當時艱困的交通環境，多次走訪台灣東西各地，在歷任總督中亦是難得的異數。在那個殖產興業的年代，為了提供工業化所需的廉價電力，日月潭水力發電廠的起造與官民合營的台灣電力株式會社的成立，可說是明石留給台灣最大的遺產。儘管日本中央對此一耗費鉅資的殖民地事業興趣缺缺，明石死後多年，日月潭水力發電廠終於在對美舉債的前提下順利完工（一九三四年）。到了一九四四年，東台灣電力株式會社終於為台灣電力株式會社所合併，完成台灣電力事業官營一元化的最後一塊拼圖！

時至今日，台灣社會紛擾依舊，在環保永續的大旗之下，電力民主化成為有識之士關注的議題，卻罕有人知日治時期早有這麼一段電力民營的歷史！筆者無意也無能論斷今昔的功過，卻對五十年日治時期走過的風風雨雨，無法成為今人抉擇的參考與對照，依舊深藏在歷史的迷霧中感到萬般無奈……。

本書原稿完成於一九九九年夏日，這個經驗也奠定筆者對自身寫作能力的基本信心。繼之而來的九二一地震，讓曾經與阪神大地震及九二一擦身而過的筆者深有所感，希望以筆耕之業略盡棉薄，最後終於在親友募資協力下，自費出版了「走過阪神大地震」一書（二〇〇二年），也第一次發現以夢想力驅動世界的可能。這也促成後來「穀東俱樂部」的集資成立，以及「預購穀份，支持農民」產消合作概念的誕生，讓自己走上了「志願歸農，小農群聚」的新農村運動的道路！回首前程，與明石總督的相遇可說是筆者歸農人生的起點。而明石總督身後，除了遺願歸葬台灣之外，也有部份遺物被送回日本，歸葬於東京都港區的青松寺。看來，人世間冥冥之中真有奇妙的因緣……。

導讀

一九〇〇年的義和團事件之後，為了防止匪亂的再發生，清廷遂允許各國列強在中國駐軍。可是俄國藉義和團之亂早已進駐滿洲的大軍則拒不退兵。列強之間幾度的協調，也難以解決俄國撤兵之問題，遂引發各國列強之間的衝突。

日本與英國在共同的國家利益之下，便締結日英同盟。日俄之間在朝鮮半島的政治對立，亦因而延伸到滿洲的軍事對立。日本在英、美的暗中支援下，終於挑戰當時世界最強的陸軍大國——俄國，這就是聞名於世的一九〇四年的日俄戰爭。

日俄戰爭不但是白色人種首次敗於有色人種，戰敗的俄國國內又發生了革命，影響頗鉅，可以說是改變二十世紀歷史的一次劃時代的戰爭。

導致日俄戰爭中日本獲勝的原因與傳奇性的英雄人物輩出；其中曾擔任過台灣總督的兒玉源太郎、乃木希典等人是比較著名的。還有一位遠在天邊的幕後傳奇人物，就是當時擔任駐俄國首都聖彼得堡，日本公使館武官的明石元二郎大佐（上校）。

德國皇帝威廉二世曾稱讚明石元二郎在日俄戰爭中使日本獲勝的功績，說：「明石一人就可匹敵大山巖元師在滿洲所率領的二十萬大軍。」這是舉世聞名的話題。

德皇威廉二世曾在日清戰爭後，送給俄國沙皇尼古拉二世一幅「黃禍圖」，圖中畫著佛祖乘龍騰雲駕霧，攻向西方。威廉二世在信函中大力稱讚尼古拉二世賢能，並鼓吹、煽動他開拓亞洲大陸，並以防止黃色人種入侵歐洲是俄國最大的歷史任務。

明石在日俄戰爭當時，身處歐洲的大後方。他從日本參謀本部取得百萬日圓的工作資金，散發給當時計劃打倒沙皇帝制的社會民主黨、社會革命黨等高舉打倒帝國主義的大小黨派，攪亂俄國的大後方，使蠢蠢欲動的革命黨牽制了俄國軍力，而導致日本的勝利。明石可以說是歐洲社會主義運動背後的大財主，也是世界史上韜略縱橫的傳奇性大英雄。

明石在瑞士日內瓦，秘密會晤當時社會主義革命黨的理論大師列寧時，正是日俄戰爭雙方激戰高潮的時刻，明石四十歲，而列寧才三十五歲。明石向列寧表示願意提供革命運動的資金，讓被壓迫的人民早日完成社會主義革命。然而列寧因為不願意「背叛祖國」而顯得猶疑不決。兩人在密室之中激烈爭論了數小時。

明石反駁列寧說：「社會主義革命目的在於打倒帝俄，完成世界革命，解放全人類。

可是諸君至今猶堅決主張工人階級無祖國，又堅稱不願背叛祖國，何其矛盾。再說列寧你本人的祖先是韃靼人，而被俄國人一直壓迫支配至今，打倒帝俄不但是韃靼人的解放，也是所有被壓迫的少數民族的解放，這不正是社會主義者的本份嗎？」

列寧為明石大佐滔滔不絕的理論所說服，終於同意接受革命資金的援助，發誓並肩作戰來達成社會主義革命，解放全人類。

十九世紀至二十世紀初，世界有名的無政府主義者巴枯寧等人曾經流亡東京。中江兆民、幸德秋水、大杉榮、堺利彥等等的日本社會主義運動家也已經大舉活躍於日本。諜報鬼才明石在世界社會主義思潮風起雲湧之中，早已累積了大量的知識、磨練了他瀟灑的辯才。

明石於一八六四年出生在日本九州福岡的黑田武士世家，從陸軍幼校、陸軍士校六期、陸軍大學五期，並在一八九四年曾留學德國，在日清戰爭中歸國。曾擔任北白川宮能久親王（後死在台灣）近衛師團征台的參謀；一九〇〇年晉升中佐（中校）而出任日本駐法使館武官，後改任駐俄武官，成為活躍於歐洲的情報軍官；一九一八年晉升為陸軍上將，更被任命為台灣總督兼台灣軍總司令。

明石總督在台灣最大的功績首推決心興建日月潭水庫，引濁水溪上游水流，開鑿暗渠，興建水壩，建立十萬瓦的發電廠，提供當時北自台北，南至高雄的電力所需。

然而明石總督在職僅一年餘而已。因為一九一九年十月，他為了回日本參觀特別大演習，途中臥病在船上，下船後不幸病卒於故里福岡，享年五十六歲。明石因為在任職中病倒，遺言希望歸葬台灣，成為護國之魂，卻無意中成為日本唯一埋骨台灣的總督。

明石展現出明治時代的軍人本色——奉公守法。雖然身為治台最高官員，卻沒有留給子孫財產。身故後由當時台灣士紳集資為其子弟成立教育基金。

現代台灣社會的生死觀，仍然醉心於「落葉歸根」。蔣介石父子接續治台近四十年，半生活於斯，死於斯，遺骨還離土三寸，不願認同台灣的土地，猶期待有朝一日能歸葬中國故里。

明石總督任職中，不意病逝故里，遺體反而由其白髮老母送到港口，歸葬其任職之地。

當時的台北市協議員陳智貴的〈追思記〉之中有以下令人思考的一段：

「但望余之屍骨能歸葬於台灣之地，僅留下尚未完成的實施方針，中途而身亡，是為千載之恨事。願余死後能成為之護國之魂，亦可鎮護我台民。」

雖然是異鄉客，死為台灣魂。明石總督的遺志，誠可令人沈思。

第一章

黑田武士的傳人

困頓少年時

第七任台灣總督明石元二郎（Akashi Motojiro，一八六四年～一九一九年）出生於九州福岡的天神路町。

當時在福岡的西邊是以黑田藩為中心形成的城下町，東邊則是繁榮的博多商港。而元二郎的父親是一位黑田的藩士，他的老家就在城下町到博多的半路上，也就是天神路町附近。

黑田藩向來即為九州一帶的雄藩，幕府時代末期卻陷於勤皇與佐幕的兩難之間，內部產生了贊成勤皇與佐幕（幕府）兩派的爭端。明石家世代為黑田藩下之大組（一千五百石），同時與黑田藩又有親戚關係，據說當時贊成勤皇立場的明石助九郎貞儀（元二郎的父親），在幕府軍大舉出兵進犯保皇的長州藩之後不久便切腹自殺，時為一八六六年六月，得年二十九歲。或許這正代表了他對黑田藩未能積極表明勤皇立場的一種無言抗議，但由於他自殺時未曾留下任何隻字片語，因此後人對於他真正的死因也無法確定。

明石家本姓藤原，第十八代的明石家良才改姓成為明石家的始祖，他當時擔任正二位的內大臣，由於遷居播州的明石自此便以居地為姓，家良的子孫亦世代擔任明石城的城主。其中第五代的明石正風是日本史上有名的武將，他的女兒下嫁到黑田家，其子孫輩中有位黑田如水還曾經擔任豐臣秀吉（一五三六年～一五九八年）陣中的參謀。正風後來剃髮出家隱居在明石附近的草庵——隱月齋裡，過著吟詩作樂的閒散生活。其子安正的時代明石家的生活卻發生了極大的變化，他為了輔佐年幼的表兄弟宇喜多秀家，曾經與秀家一同出征朝鮮，然而由於主將的秀家指揮號令不善，因此一直沒有顯著的戰果；儘管安正屢屢直言進

幕末戰爭時幕府軍的西式軍裝

諫卻也未能得到秀家的採納，氣憤不已的安正終於在一五九三年切腹自殺；在遺言中他同時還特別交待連後事都毋需麻煩宇喜多家，只要求家人轉而投奔黑田家藩下。

因此安正的兒子安行便隨同寡母一起投靠當時的豐田中津城主黑田長政，後來當長政遷居到福岡的時候，他們也一起遷移到了福岡，並且成為黑田家的家臣。一六七三年天主教徒們在島原起義，安行協助長政的次子黑田高政鎮壓島原之亂，然而卻在一次敵軍的夜襲行動中被火槍擊斃（享年五十九歲）。

安行的第三個兒子助九郎起而追擊敵軍，奮勇殺敵取得了敵將櫛山監物的首級，不但為父親報了一箭之仇，他也因此得到了黑田家追封一千五百石的俸祿，而這位助九郎彌太夫便是元二郎的祖先。

另外在明石家的歷史上還有一位鼎鼎大名的武將——明石全登，在一六〇〇年的關原大戰之際，他曾經協助宇喜多秀家對抗德川家康，後來因部下出賣而退走岡山，再悄悄地遷入大阪城。此後全登並受洗成為天主教徒，並召集天主教徒組成大軍，拿起十字架的大旗重新迎戰德川軍（一六一五年）。

明石元二郎的父親助九郎貞儀，便是前述在島原之亂中立下汗馬功勞的助九郎彌太夫的第十代子孫，而貞儀之妻秀子則是遠親吉田利尚的女兒。當貞儀自殺時秀子年方二十二歲，她只好帶著當時六歲的長子直以及三歲的次子元二郎回到位於福岡御堀端町的娘家來投靠，並且靠著做些裁縫和刺繡來扶養兩名幼子，雖然少年守寡生活清苦，她卻一直活到八十五歲才過世。

而元二郎由於在三歲時便失去了父親，在寡母的茹苦含辛之下才一手帶大，因此也養成了他看透世間冷暖的陰沈性格。

一八七一年（明治四年），明治政府採取了廢藩置縣的措施，舊藩主只好將原有的土地分配給所屬的家臣們開墾，而明石一家也只好遷移到遠賀郡藤木村定居，開始過著自力更生的窮困日子。

當時在他們的鄰居之中有一位十八歲的石田五六郎先生，負責教導明石兩兄弟讀漢文；石田先生年少聰穎，十六歲便出任地方藩校副授讀的工作，而這位石田先生的大哥石田篤（磨）還曾經和元二郎未來的岳父郡利被藩主派往國外留學。

不久明石一家又再度遷回秀子的娘家，寡母幼子的生活固然清苦；但是秀子卻仍然不忘對兩個兒子耳提面命，提醒他們做人一定要有志氣，千萬不可有辱黑田藩士的名門家風；還特別對他們強調說，作為武士的兒子絕對不可為金錢所誘惑。

元二郎正因為自幼承受母親如此嚴格的教誨，後來到了一九〇四～一九〇五年日俄戰爭爆發之際，雖然元二郎身邊隨時擁有超過百萬以上的鉅款（情報活動費用），卻未曾挪用一分一毫的公款以為私用，更不曾假公濟私地將錢財花用在女人身上或中飽私囊，而完完全全將這些錢用來資助俄國革命家列寧以及謝里雅克斯等人的反帝俄活動，戰爭結束之後甚至還將所餘的三十多萬元退還給參謀本部。

喜歡惡作劇的孩子王

跟明石元二郎交往過的陸軍士校同學或友人，對其一致的評語是他不太合群、而且總是穿得很邋遢（他的外號叫做「髒鬼明石」），毫不考慮對方的感受，但是從小他卻是出了名調皮愛搗蛋的孩子王。

有一位同村的八代利英先生常常代其母管教幼年失怙的小元二郎，可是無論他怎麼嚴厲地教訓這個小調皮，甚至於把他關進黑暗的倉房裡，也無法阻止元二郎調皮搗蛋的行為，有一次因為惡作劇的原因，八代先生又把元二郎抓來痛打一頓，可是他居然不哭也不叫，反而讓動手的八代大吃了一驚，他心裡不禁暗自擔心著：「這個孩子將來如果不是個大人物的話，必然是個大壞蛋！」

一八七二年，明石進入位於福岡大名町的大名小學就讀，因為他老是淌著長長的鼻涕，所以同學們都取笑他叫「流鼻仔」；同學們的印象中只記得他老是用袖口來擤鼻涕，也經常逃學，但是在學校的成績卻非常地優秀；有一天福岡縣令渡邊清到學校來視察學生們的書法，元二郎一點也不畏懼地在縣令大人面前當場揮毫，寫下了「精神」兩個大字，因為紙張不夠長的關係，元二郎竟然面不改色地將「神」字的最後一豎給寫到了榻榻米上，渡邊清不禁驚訝於這個頑皮小鬼的膽識過人，甚至還想把自己的女兒許配給他，不過秀子夫人卻以出身貧困為由婉拒了這門少年婚事。

進入陸軍士校

一八七六年，十三歲的元二郎被石田五六郎帶到東京去唸書。而石田本人則早在一八七一年的時候就進入了海軍兵學寮就讀；四年後回到老家放暑假的期間，好不容易才打聽到明石一家人的下落，並且說動了秀子讓兒子上東京去求學；而元二郎的大哥直則依舊待在鄉下，後來他在東京擔任一處小郵局的局長直到退休。

當時負責將元二郎從福岡帶到東京的是前藩士團尚靜的妹夫小西小五郎（工部大學學生），他們兩人搭了一艘叫運貨丸的小船從博多直驅門司港；不料春天的玄海灘上西風強勁，一路上把小船吹弄得搖搖晃晃，害得第一次坐船的明石被搞得暈頭轉向，一上門司港就吵著寧可走路到東京也不願意再搭船；自此之後他一輩子都害怕坐船出海，甚至石田建議他去念海軍士校他都沒有答應，可見這一趟玄海灘之旅對他的一生實在有著莫大的影響。

不過從門司還是得轉搭較大型的船經瀨戶內海到大阪之後，才能由大阪走陸路前往東京；當明石抵達東京之後，便先借住在不忍池畔的團家宅邸，而且暫時先到著名的儒學家安井息軒的門下學習漢文。而當元二郎得知幼時曾經管教自己的八代利英也在東京的時候，便出奇不意地到其任教的教導團（位於麴町，訓練優秀的士兵取得晉階資格的學校）去找他，令八代感動不已。

一八七七年二月，鹿兒島的薩摩藩士們擁立當時已經下野的西鄉隆盛反抗中央政府，掀起西南戰爭的序幕；有一次明石在安井塾中聽到同學谷干城將軍的外甥吹噓打仗如何如何英勇，繼而一想自己家中一貧如洗，與其向人家伸手拿錢唸書，倒不如去念公費的軍校還實在一些。

同年的六月間，明石便進入了陸軍幼年學校，事實上在該年初的時候，幼校已經被改制為陸軍士官學校，而原來的幼校生則轉入幼年生部，明石當時和其他六十五名幼年生同時入校（陸士六期）。

一八八三年他從陸軍士校畢業，同期的畢業生之中後來共計出了四名大將；其中有三名是福岡人，分別為仁田原重行（近衛師團長）、立花小一郎（關東軍司令官），以及

位於東京的陸軍士官學校

明石元二郎（台灣總督），另外一位是山口縣籍的大井成元（海參崴派遣軍司令官）。

在陸士幼年生的三年光陰裡，明石依然不改小時候那股調皮的個性；根據他的同學牧古清人（中將）回憶道：「當時陸士的學生大多來自於地方貧困士族的子弟，不但家裡無力供給生活費，放假日也沒錢出門遊蕩，所以大家只好關在學校裡頭鬧翻天了！」

明石當時在校的成績還算不錯，在六十五個同學之中排名第十九，但是操行成績卻是奇差無比！他的成績記載如下：

法語76分	第一名
漢學48分	第八名
算術51分	第五名
圖畫32分	第三十二名

當他在幼年班唸書的時候，跟其他的同學都看不慣那個大佐（相當於上校）校長的作風，作威作福儼然一副大將的氣勢，明石便拿起了彩紙做出一套將軍的玩具軍服，自己還穿上胡鬧一番，最後被軍曹長發現之後才痛斥一番了事。

此外當時學校還嚴禁外食進入校園，明石卻又使出絕活，用大外套或是帽子蓋住西瓜帶進學校跟其他的同學們分享，有時候他因為功課差而被罰星期天禁足，這時他又會交待其他人收假時記得買酒，然後先暫時藏在校外牆邊，再由熟識的酒店伙計用繩子吊給他們。

此時的明石依然不改小學時代用袖口擤鼻涕的毛病，因此常常受到長官們的指責，而且他又不愛整理內務也不勤於保養武器；有一次當他已經進入陸軍大學就讀的時候，到陸士拜訪同期同學的時候，偶然遇到校長寺內正毅（後任第一任朝鮮總督、內閣總理）大佐迎面而來，此時明石卻老是故意走在寺內大佐的右邊，原來他是為了避免校長發現他左邊劍鞘上早已斑駁的銅鏽。

總而言之，他的同學們在回憶起這個調皮的明石的時候，彷彿總有一堆說不完的有趣故事似的。

明石元二郎出生地現址，位於福岡市中央區天神一帶，現為俄羅斯料理餐廳（原田種雄提供）

這家俄式餐廳「ツンドラ」是從昭和35年創業迄今的老店（原田種雄提供）

第二章

風起雲湧的青年情報軍官

陸軍生涯的開始

明治十六年（一八八三年）十二月，明石元二郎正式從陸軍士官學校畢業，並入伍任官陸軍少尉。當時日本國內西南戰爭的餘波好不容易才漸漸平靜下來，由於此時大久保利通已被人暗殺身亡，大隈重信（早稻田大學創辦人、內閣總理）也在政變中失勢下野；因此長州的伊藤博文便正式成為參議院的龍頭，而薩長兩藩的勢力交替主導日本內政的形勢至此也大致底定。

對此時的日本政府來說，外部有西方列強不平等條約的壓迫，內部又必須面對人民主權意識的抬頭，可說是陷入了極為困難的僵局之中。在當時的政治舞臺上，山縣有朋屬於執意鎮壓自由民權發展的保守派；而伊藤則認為民主憲法的制訂將是不可抗拒的時代潮流，因此於明治十五年三月親赴歐洲考察各國憲法的施行狀況，在明治十六年八月回國之後伊藤便全心地投入憲法制訂的工作。

也就是說，當明石正式下部隊任官的時期，正是明治政府開始參與國際舞臺的階段；雖然到這個階段為止日本尚未有任何參與國際戰爭的經驗，但是陸軍將校們在政治上的影響力卻開始有著顯著的增加；當時陸軍當中較有實力的人物除了山縣有朋（內務卿）、大山巖（陸軍卿）之外，還有栖川宮熾仁親王（左大臣）、黑田清隆（內閣顧問）、鳥尾小彌太（內閣統計院長）、谷干城、山田顯義（司法卿）以及三浦梧樓（陸軍士校校長）等人。

明石下部隊的第一個單位是位於四國丸龜的步兵十二聯隊，就在他赴任之前還特別向校方請了個假，回到福岡的家鄉去掃墓。此時同鄉的同班同學仁田原重行也陪他一起返鄉，由於他們打算由大阪坐船經水路返回福岡，因此兩人便決定抵達大阪之後先暫住一夜，之後再啟程返鄉。先前他們已經探聽好了大阪有一家叫花屋的旅館環境還不錯，因此兩個人出了火車站便向附近的人力車伕打聽花屋的位置，沒想到車伕看了看兩個人的裝扮之後卻給了他們這麼一個建議：「花屋可是縣知事或書記官等上流人士所投宿的高級旅館，如果你們也是九州來的話，我倒是建議你們到北濱一家九州人常去的便宜旅社去比較好！」兩個人後來接受了車伕的好意，驅車來到北濱的這家旅社，沒想到進門一看才發現房間不但陰暗還帶點濕濕的霉味，簡直跟東京的便宜學生宿舍沒有兩樣，兩個人到此也只有面面相覷自認倒楣。話說回來，明石跟仁田原之所以會被人家誤會是沒錢的九州浪人，主要是因為兩個人都將軍服收在行李中，軍刀也裹在布棉袋裡，身上又穿著一件畢業前在學校附近買的便宜作業服，甚至連件像樣的和服褲裙也沒有，才會發生這種被人家瞧不起的事情。

下了部隊來到溫暖的丸龜擔任聯隊基層軍官，明石仍然不改其往常的習性，放蕩不羈的行徑跟不修邊幅的作風，很快地又成為聯隊上赫赫有名的奇男子。不過到了隔年（一八八四年）的六月，明石便被調到豐橋的步兵第十八聯隊；明治十九年時又被任命為東京戶山學校的教官，戶山學校成立於明治六年，其學生大都選拔自各地駐紮營隊的優秀士官及下士官；主要的訓練課程有射擊、體操及一般步兵科的基礎教育等等，因為入學學生們的素質原本就是各單位的一時之選，所以戶山學校的畢業生回到部隊中，可說是陸軍未來的中堅幹部；相對來說，此地的教官當然也是千中選一的優秀軍官。雖然明石從小到大從來未曾改變他那「髒鬼明石」的習性與作風，但是由他被選拔擔任戶山學校的教官這件事情來看，明石的身上確實有著某種令人不得不另眼相看的優異特質。

陸大罕見的高材生

明石到任戶山學校的教官後不久，就接到校長的命令要求他準備陸軍大學的入學考試，雖然後來陸軍大學的應考生多以中尉或大尉為主，不過此時陸大也接受少尉的應試。雖然明石接到了參加陸大考試的命令，但是卻不見他有什麼特別努力準備應試的跡象；別的應試生大多會暫時停止訓練課程，待在自己的臥室拚命地用功；而明石卻頂多只是在走廊上邊踱步邊看書罷了，此時的明石依然不改士官學校以來的作風，服裝儀容還是那幅邋里邋遢的老樣子，一邊思索一邊嚼紙屑的老毛病也一如往常。

明治十八年（一八八五年）十二月，日本史上的內閣制正式確立，由首任總理大臣伊藤博文所領軍的新內閣也正式起步；當時的閣員名單如下：陸相 大山巖、海相 西鄉從

伊藤博文

道、內相 山縣有朋、藏相 松方正義以及外相井上馨。

明治二十年（一八八七年）一月，明石果然以優異的成績進入了陸軍大學成為第五期的新生；和明石同時考進陸大的還有士校時的同窗好友立花小一郎，不過後來能夠在歷史上留名的同期生大概也只有他們兩個人了。另外值得一提的是當時學校裡的教官們卻都是赫赫有名的一時之選，在明石入學時擔任陸大校長的便是同樣曾經擔任過台灣總督的兒玉源太郎大佐，教官群中還有大迫尚敏（後擔任參謀本部次長）、井口省吾（後任朝鮮軍司令官）、木越安綱（後任陸相）、大島貞恭（後任留守步兵第二旅團長）、東條英機（後任步兵第三十旅團長）以及教授戰術的德籍軍官麥凱爾少佐和參謀維爾登布魯克少佐。

兒玉源太郎

進入陸大之後沒多久，明石便晉階為陸軍中尉；在學校裡他最擅長的科目是戰術和數學，不過陸大只有砲兵和工兵科的學生必須修習高等數學，可是就讀步兵科的明石卻比砲兵、工兵的同期生在高等數學上的表現更好，這一點連教官都不得不對他的邏輯分析能力另眼相看。

參謀本部的髒鬼怪才

明治二十二年（一八八九年）二月，日本史上的第一部憲法正式頒佈，同年年底明石亦從陸大畢業，並分派到步兵第五聯隊就任，其部隊的駐紮地竟然是本州最北端寒冷的青森縣。不過這也沒難倒福岡出身的明石，他還是往常那幅不修邊幅的老樣子；部隊中的上司跟下屬對這麼一個行徑不羈的怪傢伙，心頭都不禁油然產生一股懷疑：「這個傢伙到底是個不世奇才還是個三腳貓？」

明石在北國的青森經歷了小隊長及中隊長的職務歷練之後，明治二十三年十二月他終於接到了調任參謀本部的命令，從此明石才開始在軍事政治的大舞臺上嶄露頭角。

當時的參謀總長為有栖川宮，參謀次長則是聰穎過人的川上操六；該年的七月日本舉行了首屆的眾議院選舉，而於十一月一日則依據新憲法的規定召集了首屆的帝國議會。

明治二十四年（一八九一年）五月松方內閣成立，但是出人意料之外的是新內閣剛成立便收到一件驚天動地的「賀禮」，這個事件幾乎動搖了整個日本帝國的國本。當時的俄羅斯皇太子尼古拉正好到日本來訪問，沒想到居然在大津遭到貼身護衛津田三藏的襲擊而負傷；連天皇聞訊之後都急忙趕到京都來慰問請罪，好不容易才將皇太子平安地送出了神戶港。參謀本部站在軍方的立場對於此一國際性事件可想而知抱以極度的關切，而當時身在本部第一局任職的明石當然也對此事件充滿了興趣；可是此刻的明石卻作夢也沒有想到，自己有一天居然會跟這頭兇惡的北極熊——俄羅斯在情報戰場上一決雌雄。

擔任參謀本部第一局一員的明石，平時的工作除了研究作戰計畫的輔佐策略之外，就是積極地研讀假想敵——大清帝國的地理調查等資料。

明治二十四年七月，明石終於晉階為步兵大尉；翌年一月甚至還被派任為日本陸軍首次閱兵典禮的觀禮參謀官。

同鄉的白水淡中將（與明石士校晚三期的學弟）後來回想起這個時期的明石時，曾經提起這麼一段昔日的逸事。有一天白水到明石下榻的地方拜訪，明石準備了一些鮪魚的生魚片跟清酒來招待這位學弟；可是奇怪的是明石居然沒有準備醬油，而且他自己還絲毫不以為意地大啖了起來；白水雖然心裡暗自覺得奇怪，卻不敢直接質問這位行徑怪異的學長；等到所有的生魚片都吃完以後，白水才按捺不住心底的疑問，說道：「明石大尉！您真不簡單！您平常吃生魚片都不必沾醬油嗎？」沒想到明石這才回過神來答道：「對喔！我怎麼忘了該拿醬油出來，真是不好意思……」語畢才匆匆忙忙地回到廚房把醬油拿出來，從這一件小事情上我們也得以窺見這位一代將才天真浪漫的一面。

昇任大尉之後的次年，明石便與福岡藩士郡利的女兒國子成婚，原本對於自己身邊種種事物並不十分在意的明石，其實是個天生的獨身主義者；不過母親卻以自己的年紀已長需人照料為由，特意為明石安排了這樁婚事。國子嫁到明石家的時候不過才十六歲，她為明石生下了一男兩女之後在三十一歲的那一年便過世了。在國子去世的同一年（一九〇七年）明石便再娶，對象是黑田藩大老的女兒信子。

明石的長女蘭子後來嫁給了醫學士山根政治，卻不幸於丈夫擔任旅順醫院院長的時候因急病而死，同時還留下了兩名稚齡的幼兒。而明石的次女嘉代子為了替姊姊照顧兩名年幼的子女，其後便嫁入了山根家做為繼室。至於長男元長則出生於明治三十九年，後來畢業於學習院大學，元二郎死後便繼承了他的男爵封號。

明治二十七年（一八九四年）二月，正值日清開戰的前一刻，明石奉命前往德國留學。當時同窗的大井成元由於比明石更早一步到德國去留學，因此他也給了明石許多忠告及建議。抵達柏林之後則由現地留學中的松川敏胤大尉負責接風，雖然這是明石第一次到國外赴任就職，可是他仍然不負「髒鬼明石」的稱號，對於儀容裝扮仍舊一如以往地不以為意；不過性情豪爽的明石卻仍然受到學長、學弟們的歡迎與愛戴。

明石由於歷經對俄羅斯的情報戰、朝鮮合併戰爭、朝鮮軍司令官以及台灣軍司令官等職務，所從事的不外乎是檯面下的秘密作業或是鎮壓異民族的工作，從《近代日本軍人傳》中對於明石的描述來看，這些經歷確實加添了他性格中陰暗抑鬱的部分。

因為明石原本對於語言學便有著極大的興趣，到達德國之後便全心全意地投入德語的研讀。不料明石赴德該年的八月便爆發了日清戰爭（甲午戰爭），明石也因此而接到了回國的命令，要他在隔年的四月四日返國就任近衛師團參謀的職務。於是返國後的明石於四月十日由宇品港出發，十三日便抵達大連港；出乎他意料之外的是此時旅順已經為日軍所佔領，四月十六日日清雙方已決定簽訂停戰條約；因此明石在這場攸關日清兩國在東亞地位更替的主要戰役中只有緣慳一面之歎了。

第一次踏上台灣的土地

在日清雙方所簽訂的馬關條約中，清帝國將台灣無條件地割讓給日本；然而台灣島上的住民卻趁機揭竿而起，因此近衛師團便受命前往台灣平反；明石所任職的部隊也於五月二十二日離開旅順港，二十九日抵達北台灣海岸的三貂角，這便是明石元二郎與台灣結下不解之緣最早的開始。後來日治時代日本人還在三貂角豎立了一座北白川宮能久親王征討紀念碑。

由北白川宮能久親王擔任團長所率領的近衛師團雖然順利地登陸台灣，然而北白川本人卻因為不適南島酷暑氣候的關係，終於在該年十月底因感染霍亂而病逝台灣。（有關北白川宮親王的死因，仍有不少爭議。）

雖然到了台灣征戰而且是在親王的麾下，明石卻從未稍改他那不修邊幅的個性；由於日軍上

北白川宮能久親王

岸之際正值台灣的初夏時節，氣候酷熱無比；有一次日軍正要由三貂角翻越山嶺向瑞芳邁進之時，親王殿下特別恩准眾兵士脫去上衣稍做休息；想不到這時卻唯有明石一個人仍舊穿著軍服，北白川看了不禁覺得十分好奇地問道：「明石！你今天是怎麼了？怎麼突然講究起服裝儀容起來了呢？」只見明石有些不好意思地回答道：「不是的！因為我本來沒有穿內衣的關係……」親王一聽不禁失笑出聲，特准他將上衣脫去；結果只見全隊上只有明石一個人光著膀子，惹得全隊官兵上下啼笑皆非。

日軍在佔領了瑞芳之後，一鼓作氣急速地向南挺進，六月二日攻陷基隆，七日下台北，七月十二日抵龍潭坡，八月八日取得枕頭山激戰的勝利，十月九日攻佔嘉義，十一日拿下鹽水港，並且擊潰台灣反抗軍主將劉永福的黑旗軍；至此日軍自稱大致弭平台灣大規模的反抗勢力，十一月中旬日軍便高奏凱歌返回日本。

「髒鬼明石」儘管還是一身令人敬而遠之的模樣裝扮，但是

日軍登陸的澳底海岸景象

在這場初次的實戰經驗中，他卻大大地發揮了戰術運用的長才，輔佐鮫島參謀長順利地擊敗台灣的反抗軍；而明石也在台灣的戰役中再度晉升為參謀少佐，回國之後並因此而獲頒四級金鵄勳章以及年金五百元的賞金，翌年一月一日的新年朝拜儀式中還被派任侍從官的職務。這也是明石首次有機會能夠站在明治天皇的身旁，同時也是明石第一次穿上光鮮亮麗的嶄新軍服，腰際還不忘佩上劍鞘晶亮的軍用刀。

對於歐洲事務的開眼

同年五月，明石再度回到參謀本部任職，擔任第三部的部員工作；此時的明石在身旁眾人的心目中，已經成為一個不修邊幅但卻是個有才能的實力軍官。事實上，明石之所以能夠順利地在仕途上過關斬將，當時的兩任參謀次長——川上操六及兒玉源太郎可說是居功厥偉。另外還有一個影響明石至深的人應該算是寺內正毅將軍，明石的朋友宮三保松曾經對他有這麼樣的一段評語：「明石從寺內將軍那裡學到的是無比的細心，可是他卻從川上將軍那兒學到了寺內所沒有的處事圓滑的技巧。」

回到參謀本部任職的明石，在同年九月受命陪同川上一起視察台灣及法屬中南半島等地。在同行的船上川上這位明治建軍史上的大功勞者，曾經對明石剖析過日本的時勢及世局將來可能的發展。

「明石少佐！你應該還記得在我大日本帝國領有台灣之際，天皇陛下曾經說過『台灣將成為東洋和平的心臟』，你懂不懂陛下說這句話真正的含意呢？」

「是的！隨著我日本帝國勢力的興起，以及清帝國、俄羅斯和歐美列強諸勢力在此傾軋征戰的結果，今後的東洋勢將成為世界舞臺的一大重心；這一次我國將台灣納入版圖，對於清國、俄羅斯及歐美列強等勢必造成不小的震撼；同時這也逼使我國必須走上整軍備戰的不歸路，現在全世界都在注目著台灣的動向，我想陛下所說的應該是這個意思吧！」

「嗯……你的眼光不錯！不過，你可知

寺內正毅

道在列強之中，目前最需要注意的是哪一個國家嗎？」

「那還用說嗎？當然是俄羅斯這頭西伯利亞的北極熊，這次尼古拉太子藉著巡視西伯利亞鐵道動工的名義到海參崴，途中還特別到日本來訪問，由此便可充分看出其對遠東的企圖心；而且在三國干涉還遼的事件中，對方的野心可說是顯露無遺；我日本帝國上下五千萬軍民唯有臥薪嘗膽一途，方能做好萬全的準備以應彼不時之侵略行動！因此我想我們這次的旅行除了對清帝國做進一步的瞭解之外，應該也藉此對俄羅斯做進一步的戰略研究及情報蒐集工作……」

「嗯！你說的一點都不錯，而且我還有一件事情要拜託你幫忙！」

「哪兒的話！只要是我能力所及一定在所不辭……」

「你有沒有興趣對歐洲各國的情勢做進一步的瞭解？目前研究歐洲局勢最重要的重點等於就是要先瞭解俄羅斯的情勢，早則五年晚則十年；總有一天我們必須跟俄羅斯一決雌雄，所謂知己知彼百戰百勝！等你回到參謀本部之後，除了繼續進行對歐洲局勢的研究與分析之外；最重要的就是要加強對俄羅斯戰略部分的瞭解，這件事情就拜託你了！」

自從此次兩人促膝長談後，明石在陸軍中的角色與發展方向即因此而確立，歐洲諸國

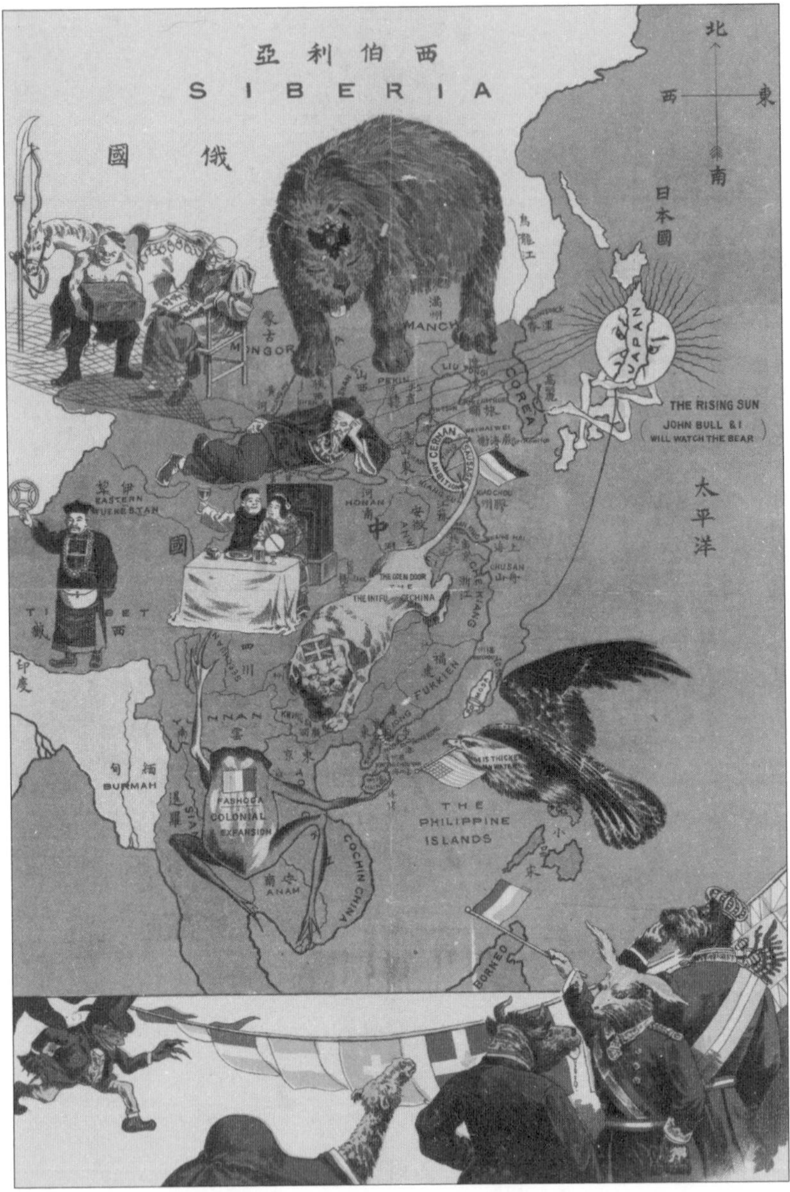

日俄戰爭爆發期間清國知識份子所繪的東亞時局形勢圖。

與俄羅斯也就成為他主要的研究範疇了。

川上在結束為期四個月的台灣、中南半島視察之旅之後不久，翌年（一八九七年）七月至九月間川上又再度前往西伯利亞出差，為將來的日俄戰爭做好最完善的準備；不料天妒英才，川上在結束西伯利亞之行後兩年，也就是就任參謀總長一年之後便與世長辭。

至於明石在完成台灣考察之行返國後，同年（一八九六年）九月兼任陸軍大學的教官一職；翌年三月又受命擔任參謀演習旅行統裁官輔佐官一職，五月初明石又再度受命前往南洋群島及菲律賓等地出差，其主要的任務即在於觀察美西戰爭的情況並蒐集相關情報。

若要回溯起美西戰爭的起因，簡單地說乃是由於一八九八年（明治三十一年）四月間美國假借幫助古巴獨立為由，蓄意向其殖民母國西班牙挑起爭端。此時美軍提督杜威率領了大批艦隊由香港出發直驅馬尼拉，一舉將馬尼拉灣內的西班牙無敵艦隊徹底殲滅。而長久以來一直苦於西班牙暴政統治的菲律賓民眾，無不滿懷著歡喜興奮的心情，扶老攜幼地趕到港口來迎接美軍艦隊的到來。

此時杜威提督的策略是支持菲律賓獨立運動領袖艾奎那魯頓將軍的一方，以謀求徹底清除西班牙在菲律賓的殘餘勢力；但是出乎菲律賓人民意料之外的是，美國這個原本手持著正義之劍來解放他們痛苦的偉大國度，竟然不久也開始重蹈西班牙高壓吸血統治的覆轍，於是菲律賓的獨立黨員們，只好奮起向帝國主義驅而不散的亡魂再度宣戰。

來到馬尼拉的明石選擇落腳的地方是旅菲日僑領袖阪本志魯雄的自宅，他觀察的重點是美西兩國在馬尼拉灣海戰的實情，以及菲律賓民眾對於美國情感上的變化情形。

翌年（一八九九年）一月，明石正式成為參謀本部的正式部員，這也代表他越來越接近日本帝國陸軍的權力核心；此時的明石一心一意只想著要回報川上參謀總長對他的賞識，全副心力都用在對俄羅斯及歐洲列強的戰略和戰術分析上；可惜事情的發展出乎他的意料之外，他所最景仰的川上總長竟然在這一年的五月十一日突然撒手歸西；平常的喜怒哀樂幾乎不形於色的明石，聽到了這個消息之後竟也抑制不住心中的悲傷，仰天痛哭了起來！

此刻的明石心中只有一個念頭，在人生這條道路上自己已經失去了最好的前輩，此後一切的前途只有靠自己來打拚了。此時國際間的局勢風雲詭譎，但是誰都能夠感覺得到有一股看不見的強勁暗流，不斷地將日俄兩國推向戰爭的深淵。

初赴情報偵測的戰場

內亂外患下的清帝國在明治三十二年（一八九九年）六月又再度爆發了義和團之亂，各國駐北京公使館一時之間陷入了極為緊急的狀態。以日本軍為主的八國聯軍在同年八月間便迅速地打進了北京城，並且與清帝國進行賠償等事宜的交涉。然而此時俄羅斯卻以保護留在北京的外交官及僑民為由，派遣大軍進駐滿洲並且蠻橫地拒絕撤兵，各國為了商討撤兵之事特別推派交涉團前往北京談判。明石亦以日本代表團員的身分參與此行。然而俄方卻絲毫沒有撤兵的誠意，談判於是陷入膠著的狀態。明石眼見事情的演變越來越不可收拾，於是便主動提出前往滿洲窺探敵情的建議；與其同行的還有西川大尉，兩個人不顧北京政府方面的勸阻執意向滿洲出發；一路靠著馬車或騎馬跨越山海關直奔錦州，親眼證實俄羅斯果然已經將大批的士兵送進了南滿洲。

眼見此情此景，明石忍不住低聲哀歎道：「喂！西川！這下子看來戰爭已經勢在難免了！」

「我看……接下來只好等著宣戰吧！」西川也附和著明石如此地回答著。這位西川大尉其實正是明石的同鄉，是士校晚他五期的學弟。在接收台灣的戰役中，他也擔任近衛師團的副官與明石同赴戰場，因此與明石之間的交情匪淺。後來到了日俄戰爭的時候他還歷任大本營的兵站部參謀、鴨綠江軍參謀等職務，表現極為活躍。

在這趟遠赴南滿洲偵測敵情的旅途中，兩個人為了躲避敵人的搜索可謂費盡了苦心，有時須喬裝打扮以避人耳目，有時候因鐵道遭受破壞而不得不繞行山中小徑，有時甚至還必須躲藏在馬車的貨物下面以避開敵軍的檢查；不過途中西川卻發現明石有個習慣非常奇怪，他總是隨身帶著一只五公升的皮袋子，裡頭裝了不少爆炒過的豌豆仁。後來他耐不住心中的好奇向明石問起才明白，原來明石的胃腸一向不太好，為了這趟深入敵後的長途跋涉之行，軍醫特別囑咐他要準備這些炒豆子，持續服用的話可以確保胃腸的健康云云。

另外還有一件事也讓西川百思不得其解，在兩個人的旅途中有一次旅費完全用罄，明石只好想辦法在途中半借半賒地籌措了一百元的旅費；可是明石竟然將其中的五十元收進自己的荷包裡，只拿出五十元來做為兩個人的支出所需。平時對於金錢可說是恬淡無欲的明石竟然會有這種舉動，西川的心裡不禁暗自覺得納悶；直到後來兩個人平安地離開滿洲返回本州的下關之際，明石這才帶著西川直奔一家高級和式餐館，還吩咐老板娘請來了三名藝妓陪酒助興。在西川本人的回憶中，明石本人直接找來藝妓陪酒大興酒宴的經驗，一生中似乎只有這一次罷了！即使明石後來擔任台灣總督的時期，他仍然不太喜歡舉辦或參加宴會，他自己曾經向友人發過這樣的牢騷：「藝妓這個行業的工作，就是專門在人家討論重要話題的時候，從旁胡亂插嘴說些有的沒的罷了！」

在這趟敵後情報工作的旅途中，明石收到晉階為中佐的好消息；歸國之後翌年（明治三十四年）一月，明石中佐奉命前往法國，擔任日本駐法公使館武官兼法國駐在人員監察官一職。

明石自己也萬萬沒有想到此番前去歐洲一待就是五年，從明治三十四年一月開始直到明治三十八年的年底才再度回到祖國；由於明石先前有過一年留學德國的經驗，因此對於德語已經有了一定的基礎；這次到法國公使館任職的一年八個月的時間，又給了明石學習法語的絕佳機會，這些對於他後來所從事的情報工作可說有著無比的幫助。

在此我們也順便回顧一下在日清戰爭到日俄戰爭之間，日本國內政權的更迭情形：明治二十五年（一八九二年）八月至二十九年（一八九六年）九月間為第二次伊藤內閣，亦即為打敗清帝國將台灣正式納入日本版圖的內閣；其後伊藤博文又陸陸續續擔任閣揆組閣兩次，直到明治三十四年（一九〇一年）桂太郎卸下第二任台灣總督出任總理為止；而在桂太郎的任內其不但完成了締結英日同盟的任務，更獲得了日俄戰爭的最後勝利。

第三章

明石在日俄戰爭中的策反工作

法國武官時期

來到了舉世聞名的花都巴黎，僅管一向以不修邊幅著稱的明石，也必須入境隨俗地稍微梳裝打理一番，起碼維持一點日本帝國駐外武官的尊嚴。在他寫給同鄉的森部靜雄大尉（陸士十一期）的信件中，曾經如此提到自己的駐法生活：「最近我好不容易才租到房子安定了下來，接下來第一件事便是花大錢去買一副大鏡子，方便自己每天把頭髮梳得油光發亮，而且服裝也得稍微打點乾淨才行。近來每天除了處理工作上的例行公務之外，我大部份的時間都花在研讀法語上頭；每天早上起床的第一件事便是讀書，常常連臉都忘了洗！不過如果有事必須外出訪問的時候，我還是會把臉好好地洗個乾淨、漱漱口，將自己的服裝儀容整理乾淨才出門；第一次整裝完畢、戴上絲綢圓筒帽站在玄關的大鏡子前時，連自己都不禁嚇了一跳，鏡中映照出來的竟然是一位如此帥氣的紳士。

雖然大家都說巴黎是歐洲文明的中心，但是所謂文明、或是文化真的能夠將國家導引到昌盛繁榮的境界嗎？自己的心中不禁浮現起這樣的疑問。今年的夏天巴黎顯得特別熱，各國的公使館員幾乎都躲到各個勝地避暑去了，唯獨小生我還待在這個酷熱的巴黎，埋頭苦幹拚命地研讀法語。最近我抽空登上了巴黎首屈一指的高塔（艾菲爾鐵塔）上，迎著徐徐的涼風向下一望，不禁覺得一陣虛無飄渺頭重腳輕之感。地面上來來往往的人車好比隨手可取的小螞蟻般，心中不由地感到一股莫名的悲憐，人類不過是種極為淺薄而脆弱的動物罷了。」

由於明石除了擔任公使館的武官之外，還兼任駐外人員及公費留學生的監察官，平時的工作可說是極為忙碌。然而在當時巴黎公使館員們的回憶中，明石中佐特異的行徑卻是大夥兒茶餘飯後趣談的最佳材料。如果想要知道明石是否已經上班，只要看看使館走廊上的泥巴腳印便可瞭解。每次明石只要發現有自己的信件時，便會立即書寫回函；但是每每寫完一行之後卻又覺得不夠滿意，於是乎便將信紙撕個稀爛，甚至還丟入嘴裡嚼個半天才吐掉，整個使館上下都取笑明石簡直像隻留著鬍子的老山羊。另外，粗枝大葉的明石還常常將剛收到的留學生公費給弄丟，發動了所有人員上上下下反覆尋覓的結果，才發現原來錢掉在明石自己的靴子裡。

雖然法國料理可謂盛名遠播的天下珍饈，但是對於習慣牛飲豬肉大骨湯的明石來說，實在是太高級也太昂貴了些；因此明石總是習慣到商店裡買上一大堆的法式香腸，夾在脆酥酥的法國麵包裡頭，再加上一大杯的牛奶便打發掉一餐。雖然花都的佳餚美女與髒鬼明石無甚緣份，不過派駐巴黎比起先前留學德國還算有一點令明石稍感安慰的地方，那就是法國人的身高。當時留學柏林環繞在明石身邊的大多是高頭大馬的北歐人種，甚至許多女人的身高也遠較明石為高，令帝國軍人出身的明石頗有英雄氣短之感；到了巴黎之後他赫然發現法國佬的身材硬是矮了一截，對明石來說心中實在有股說不出的輕鬆。

與羅蘭夫人的初次邂逅

當時派駐法國的日本官員大多不會錯過這個與巴黎美女廝混的好機會，可是生性孤癖不喜女色的明石並未如此；他的內心始終未曾忘卻川上次長的那一席話，日本與俄羅斯有朝一日必將一決雌雄；因此明石除了將大部份的心力投注在研讀法語之外，還常常穿著筆挺的西裝在巴黎街頭到處查訪，藉以瞭解歐洲當前的局勢；他還特別喜歡到俄羅斯人聚集的小酒吧去打探消息。有一次在法國外交部所舉行的派對上，明石偶然邂逅了一位名叫羅蘭夫人的美麗女子，羅蘭夫人自稱是瑞士毛皮商人的遺孀；她並且主動表示願意幫助明石引薦更多的俄羅斯反對份子，這對明石來說可是意外的收穫。當時的歐洲正瀰漫著一股山雨欲來風滿樓的詭譎氣氛，俄法同盟已然成立，使得俄國得以無後顧之憂地向遠東地區發展。此時日本的桂內閣也積極地爭取英日同盟的機會，藉以由背後牽制俄羅斯這頭北極熊；德國日益膨脹的勢力也是歐洲諸國嚴密提防的對象，因此在歐洲的社交界或外交圈可說是諜影幢幢；當時主要的諜報工作一般都是由駐外武官所擔任，因此自然而然吸引許多人主動接近，希望將情報販賣給他們；因此明石心想羅蘭夫人大概也是其中的一份子。

羅蘭夫人向明石提議，與其留在懊熱的巴黎街頭漫無目的地尋找，倒不如到地中海岸的尼斯（Nice）稍微輕鬆一下；而且那裡夏天聚集了許多流亡在外的反沙皇革命份子，實地探訪應該會有不錯的收穫。明石得到這個消息之後便趕忙向當時的代理公使——一等書記官秋月左都夫請示，秋月聽了之後鄭重其事地對明石說道：

「我曾經從前任的粟野（愼一郎）公使那兒聽到一些有關這名女子的傳聞，現在的遠東情勢日漸急迫，站在公使館的立場也必須盡可能地蒐集更多的情報；如果你手頭上的武官機密活動費不夠用的話，可以先從我這邊稍加支應沒有問題；只不過明石中佐……有一點要小心的事我不得不先提醒你……」

「這一點我非常清楚！」被秋月這麼一說明石不禁有點惱怒。

「明石中佐！雖然我相信你絕對不可能發生這種問題，但是站在主官的立場還是不得不提醒你一下；當前假借諜報活動的名義，趁機接近各國外交官的男男女女可說多如過江之鯽，這些人真正的目的只有錢，有不少甚至是接近無國籍的雙面間諜；有不少國家的外交官或情報人員便是栽在這種女人的手上，幸好到目前為止日本官員並不常發生這種醜聞。再說，機密活動費是國家重要的資產，如果拿來供作私人遊樂上的花費的話，不僅浪費公帑，有時甚至會導致對國家不利的事情發生；站在個人的立場，我也不希望身為陸軍明日之星的您受到任何的傷害，還請您多多自重！」

「多謝您的關心！我現在對於歐洲人的行事作風已經習慣多了，自己有信心今後在情報活動上應該能夠有所斬獲，到時還請長官多多關照為荷！」

明石的嘴上雖然不服輸，其實在他的心中還是難免有著一絲絲的陰影。畢竟對他來說與美女相伴進行情報工作，這可是大姑娘上花轎頭一遭；而且在明石的內心對於駐外武官兼情報員的這份任務，自始至終一直有種排拒的心理。對於堂堂黑田武士後裔的明石來說，一直將在暗處偷偷蒐集情報、從事破壞工作的情報員當做是種不名譽的職務，而且當初入伍從軍時他所嚮往的是能叱咤沙場、威震天下；孰料在國家的派任下卻不得不來到異邦，從事這種鬼鬼祟祟的諜報任務。不過母親從小的教誨灌輸了明石強烈的敬神忠君的觀念，因此即使是自己不滿意的工作，只要是為了國家他仍然會盡全力以赴。

在長官的特別關照與本身戒慎恐懼的情緒中，明石終於與羅蘭夫人搭上了法國橫貫列車的一等車廂，朝向法國東南方聞名遐邇的蔚藍海岸出發了。尼斯今日雖然是舉世知名的觀光遊覽勝地，但是從前卻是地處法國與義大利邊境上的交通要塞；阿爾卑斯山由日內瓦東方的伯朗峰一路向南方急瀉而下，到了尼斯附近才沒入海中，形勢極為險峻，與中國北方的山海關可謂同為天下少見的險要關卡。

明石抵達了尼斯之後，便在羅蘭夫人的引導下前往當地的賭場一探究竟；雖然身為日本帝國的外交官，與歐洲各國的駐外官員也有或多或少的交情；然而這卻是第一次有緣見識到歐洲上流社會的豪賭奢華作風，特別是號稱日不落大不列顛王國的貴族更是出手闊綽到令人驚訝的地步，由此也反映出十九世紀英國艦隊橫行五大洋巧取豪奪的成果。在尼斯的夜總會裡，明石更發現到這裡聚集了東歐各國各階層的人士，有走唱的吉普賽人、波蘭的前男爵、羅馬尼亞的貴族夫人、波羅的海三小國的學生，甚至還有土耳其舊部隊的軍人等等；當時這些國家都多多少少受到俄羅斯的侵占或欺壓，這些帝俄反對份子群集在這裡或許有互通消息或串聯行動的目的；但是讓明石覺得心中有些納悶的是，為什麼賭場裡的那些西歐貴族也跑到這個地方來跟這些危險份子耗時間呢？不久羅蘭夫人介紹一位出身德國的歐亨巴哈伯爵給明石認識，他率直的回答解決了明石心中的疑惑。

明石開門見山地提出了自己心中的疑問，伯爵一邊啜飲著口中的紅酒一邊思索著，過了一會兒他才反問明石說：

「中佐！雖然我是個德國的伯爵，可是你會不會覺得我是個只會亂花祖產，成天泡賭場跟俱樂部的敗家子？」

「嗯！這個嘛……看起來倒有那麼幾分像！」

「其實我是個社會主義者！正確地說：我應該更接近一個共產主義者！」

「共產主義者……」明石的心中不禁暗暗地吃了一驚。

「一八四五年，馬克思跟恩格斯首次寫下了有關共產主義者理念的書，而馬克思的《共產黨宣言》則是在一八四八年出版的，當時我還沒有出生呢！不過我在萊比錫大學讀到的第一篇有關共產黨的文章卻是寫著：『共產主義這個洪水猛獸正在歐洲大陸上肆無忌憚地蔓延著……』當時我的心中不禁打了一個寒顫。當我唸大學的時候正是鐵血宰相俾斯麥掌權的全盛時代，在取得普奧戰爭（一八六六年）跟普法戰爭（一八七〇年）兩場重要的勝利之後，他將威廉一世推上了全德意志帝國皇帝的寶座；靠著軍國主義的集中大權，俾斯麥徹底地主宰了一八七八年的柏林會議，將整個歐洲的地圖重新塗改了一遍！當時的我已經從大學畢業，回到家鄉幫助父親管理廣大的農地與農民；但是自己的心中卻開始對此由一少數貴族擁有絕大多數農地，榨取大部份貧苦農民的經濟制度感到懷疑。早在一八六四到一八七六年之間，在英國已經成立了第一國際（國際勞動者協會）；一八七五年間德國也成立了德國社會主義勞動黨，一八九〇年時改組為社會民主黨；然而一八七八年俾斯麥卻為了壓制該黨的發展而制定了社會黨鎮壓法。我大哥後來繼承了我父親的衣缽，成為容克地主（Junker）——也就是所謂的普魯士貴族繼承人，而接受進步的政治經濟學洗禮的我卻不願意當一個恬不知恥的地主；但是話說回來……我也沒有成為一名共產主義鬥士的勇氣，因此我想至少我能夠將我父親的財產拿出一部份來，用來聯絡各國的社會主義同志，對社會主義運動的推動助我個人的一臂之力！」說完後歐亨巴哈伯爵還自嘲地苦笑了笑。

明石這才恍然大悟，而且伯爵還告訴明石：早在一八八一年（明治十四年）俄羅斯激進派份子便暗殺了當時在位的亞歷山大二世，後來這些反對份子們當然遭受到朝廷軍警無情的鎮壓行動；不過皇族及貴族們也開始陷入一片人人自危的恐懼之中，後來這種暗殺個人的恐怖行動雖然逐漸沒落；但是部份社會主義者及反對份子卻開始轉向群眾武裝暴動的路線前進。不過可想而知的是，武器與資金必然是他們最大的難題。聽到這裡明石的心中不禁浮現了一股交錯矛盾的思緒，在日本國內也有像幸德秋水或堺利彥這些前進的社會主義者，他們發行《平民新聞》並支持勞動大眾反對政府；站在日本軍部的立場這些人簡直是不可原諒的最大敵人；但是現在明石身為一介帝國駐歐情報武官，為了打擊俄羅斯沙皇政權的士氣，眼看不可避免地只有與社會主義者攜手並肩作戰；這使得一向個性直率從不矯飾的明石，也不禁暗自皺了皺眉頭。

在尼斯的一個星期當中，透過羅蘭夫人的介紹，明石結識了許多歐洲各國的王公貴族與布爾喬亞階級，當然也包括了不少反對帝俄的社會主義者與民族主義者，還有一些疑似某些國家間諜的人物。這些人脈關係在後來日俄開戰之後，對明石的地下活動確實提供了不少的方便。但是正如秋月代理公使在明石出發前所提醒他的那樣，畢竟當時日俄之間尚維持著表面上良好的外交關係；最好避免過於誇張的大動作，否則不但本身可能被迫驅逐出境，甚至進一步引起俄國當局不必要的警戒，因此明石在離開法國之前都沒有其他再進一步的行動。

明治三十五年（一九〇二年）一月，桂太郎總理苦心策畫的英日同盟終於成立。兩國之間的結盟關係在日俄戰爭時，對日本的敵後作戰發揮了極大的助益。反觀俄國早在一八九四年即與法國簽訂同盟關係（事實上當時俄羅斯並未將日本納入假想敵之中），使得俄羅斯得以全心全意向遠東方面進軍。同年俄國皇太子尼古拉二世即藉著參加西伯利亞大鐵路動工典禮的理由，親身前往了海參崴。翌年波蘭社會黨成立，尼古拉二世也正式登基繼任沙皇的寶座；不料卻碰上了日清戰爭爆發，於是俄羅斯的遠東進出計畫稍稍受到了延遲。

俄國皇太子尼古拉二世，後成為俄國末代沙皇

日俄戰前風雲變色

在此我們順便回顧一下俄羅斯這個國家在歷史舞台上的發展，以及日俄戰爭之前國際情勢的變化情形。俄羅斯帝國的祖先大約是在西元十世紀左右，由巴爾幹半島遷徙來到基輔一帶的斯拉夫民族；十三世紀初基輔被納入蒙古人所建立的欽察汗國版圖內，十五世紀中期伊凡三世在莫斯科即位；一四八二年莫斯科大公國宣告脫離蒙古人的統治獨立，伊凡三世開始自稱沙皇；後來莫斯科大公國不斷地向外擴張領土，一五四七年伊凡四世終於成為全俄羅斯的無上統治者——沙皇，一五五六年莫斯科大公國終於統一全俄羅斯。一六一三年，俄羅斯專制史上最後一個帝政王朝——羅曼諾夫王朝揭開序幕；一六八九年，俄清之間簽訂了尼布楚條約，俄羅斯大大地擴張了在西伯利亞的領土。一七一三年彼得大帝遷都聖彼得堡，一七六二年史上有名的女皇凱薩琳大帝即位。一七七二年，俄羅斯與奧地利、普魯士第一次瓜分波蘭；隨後一七九三年、一七九五年俄羅斯再度兩次瓜分波蘭，導致波蘭王國終於宣告亡國，波蘭人與俄羅斯從此結下不解的仇恨。一八一二年拿破崙以俄羅斯違反對英國的封鎖令而出兵莫斯科，結果因軍隊不耐酷寒而被迫撤退，因此在俄羅斯史上記載著亞歷山大一世為擊敗拿破崙的大英雄。一八一二年將阿拉斯加納入俄羅斯的版圖；一八二五年十二月，俄羅斯發生最後一次的貴族革命——十二月黨人革命，不滿沙皇專制統治的貴族子弟藉著亞歷山大一世逝去的機會發動政變；革命失敗後新上任的沙皇尼古拉一世嚴酷地掃蕩殘餘的革命份子，並且嚴禁人民隨意出國、實行嚴苛的書刊檢查，甚至監視大學的哲學課程，當時的俄羅斯陷入一片沒有聲音的死寂之中。一八二八年俄土戰爭爆發（第一次巴爾幹戰爭），一八四九年帝俄於堪查加半島南端的彼得羅巴夫羅夫斯克建設軍港，一八五一年莫斯科到聖彼得堡之間的鐵路正式開通。一八五八年，帝俄與清國訂定瑷琿條約，取得黑龍江左岸大片領土；一八六〇年俄清簽訂北京條約，取得烏蘇里江至沿海一帶土地，並著手進行海參崴軍港的建設；此時俄帝為取得面向太平洋的不凍港，開始思索向朝鮮、滿洲等地出手的機會，並決定建設西伯利亞大鐵路，以連接歐俄與太平洋沿岸溫暖地區，這可說是導致俄羅斯與日本發生衝突的遠因。

一八五五年時亞歷山大二世即位，他可說是一位帶著若干理想主義色彩的另類沙皇。在一八六一年二月十九日時他頒佈了農奴解放宣言，然而卻因為執行不夠徹底，廣大農民的生活不但沒有真正得到改善，反而陷入重重債務的深淵之中；知識階級因此開始接受車爾尼雪夫斯基的觀念啟蒙，認為要真正實現農民的社會主義理想得到自由，一定要先剷除沙皇帝制；一八六二年聖彼得堡終於出現了第一個「土地與自由協會」的秘密組織，虛無主義及各種無政府主義的思想開始在俄羅斯的各大都會區蔓延開來。

一八七〇年代開始，俄國的知識階層接受拉甫洛夫（一八二三年～一九〇〇年）的革命準備主義思想，拉氏主張：「有教養的階級是受惠於人民大眾的，因此有革命志向的知識階層首先應該要為人民服務」。因此從一八七三年起不少俄國的知識青年掀起一陣「到民間去」的運動熱潮，他們身著農民服裝深入農村去宣傳革命福音，並且進行各種免費的醫療服務及識字教育等等；一八七三年～七四年間此一運動達到高潮，然而他們的熱誠卻碰到農民們無情而冰冷的猜忌；同時俄帝當局也下令逮捕這些革命黨人，被捕的八百多人當中大多數都被流放到西伯利亞。一八七六年「土地與自由」派重新集結，他們改以「個人恐怖行動」來代替向農民宣傳革命；不料一八七六年底即有數十人在聖彼得堡被捕，一名貴族之女查蘇里奇（一八四九年～一九一九年）刺傷了聖彼得堡總督 Trepoff，做為報復當局迫害革命同志的代價；一八七八年她被判無罪更加鼓舞了個人恐怖行動的氣焰，從一八七八年～一八八一年之間他們共暗殺了六名高官及九名特務。一八七九年「土地與自由」

派分裂為「土地平分社」與「人民意志黨」兩個集團；前者主張農民才是革命的主力，而後者則繼續堅持恐怖行動。一八八〇年「人民意志黨」策畫爆破俄羅斯的皇宮，同年年底終於迫使亞歷山大二世接受宰相梅列可夫提出的政治制度改革案（導入有條件的代議制），可惜為時已晚。一八八一年三月十三日人民意志黨的索菲亞（聖彼得堡總督的女兒；一八五四年～一八八一年）居然成功地暗殺了亞歷山大二世。但新沙皇亞歷山大三世即位後卻更加強對民粹派份子的掃蕩，當時受到監禁、鞭撻、流放及處死者可謂不計其數；他同時還下詔廢止了梅列可夫的政治改革案，宣佈將繼續維持無限制的專制體制。一八八三年流亡瑞士的俄國「馬克思主義之父」普列漢諾夫在日內瓦成立了「勞動解放社」。

一八八七年，革命份子暗殺亞歷山大三世的計畫東窗事發，包含列寧大哥亞歷山大在內的兩百多位學生被捕下獄。一八八八年俄羅斯與朝鮮之間簽訂陸路通商條約。一八九一年亞歷山大三世宣佈將籌建西伯利亞大鐵路，由法國商借五千萬法郎的建設資金。一八九三年第二國際召開蘇黎世大會，會中決議要求社會黨全力杯葛沙皇的軍事預算。一八九四年俄法同盟正式成立，同年年底末代沙皇尼古拉二世正式即位。一八九五年一月，俄羅斯增強遠東艦隊的兵力，並請求英法兩國共同維護朝鮮的獨立。同年四月俄、德、法三國干涉日、清之間簽訂的馬關和約結果，逼迫日本歸還遼東半島。同年年底聖彼得堡爆發工潮，列寧與馬爾托夫（一八七三年～一九二三年）集結了十數人組成「工人階級鬥爭協會」，但列寧卻旋即被捕入獄。一八九六年六月，李鴻章赴聖彼得堡簽訂中俄密約，允諾俄國取得東清鐵路的鋪設權，而俄國必須協助清國抵擋日本的侵略。同年七月第二國際於倫敦召開大會，決議支持民族自決並反對殖民地政策。一八九七年十二月，尼古拉二世下令俄羅斯艦隊駛入清國的旅順港，並且以提供清國借款的條件交換滿蒙地區的鐵路鋪設權、工場建設獨占權與黃海一帶的港口租借權。一八九八年俄羅斯取得大連、旅順兩港的租借權，並且獲得南滿鐵路的鋪設權，中國的半殖民地化情形越演越烈。同年三月普列漢諾夫在白俄羅斯的明斯克召開俄羅斯第一次的社會民主工黨成立大會。

一八九九年三月，俄羅斯與英國私下簽訂協定，約定長城以北的鐵路鋪設權歸俄羅斯，而長江流域則歸英國所有。然而九月美國國務卿海約翰即不甘示弱地提出中國門戶開放的原則；同年三月山東半島爆發了義和團之亂。一九〇〇年，義和團的勢力越演越烈，同年五月義和團攻擊北京附近的豐台車站；五月底英法俄美義日的聯合軍由大沽開向北京，六月起義和團與國際聯合軍在天津郊外發生激戰；其後兩方持續發生大小規模的衝突戰鬥，六月十日清國正式向出兵各國宣戰。在列強不斷地增強兵力之下，八月時八國聯軍殺進北京城，清國方面此刻已無心戀戰。慈禧太后速命李鴻章為全權大臣處理停戰事宜，而俄羅斯此時也趁亂派兵大舉渡過黑龍江，連續佔領黑龍江、吉林及奉天（瀋陽）等地。同年十二月各國公使團與清國交換十二條的和談條件，義和團事件的外交處理程序到此暫告一段落。

翌年（一九〇一年）二月，俄羅斯以滿洲撤兵為條件，要脅清國允准俄羅斯在滿洲、蒙古及中亞一帶的最惠國待遇，並要求取得奉天到北京之間的鐵路鋪設權；但此項協定立刻受到英日等國的抗議而作罷。同年九月清國與列強之間簽訂辛丑和約解決義和團事件的賠償問題，此時各國的軍隊陸續撤出北京；然而俄羅斯駐在滿洲的軍隊卻遲遲不願撤退，蠻橫地希望藉此取得特殊的交換利益；同年年底李鴻章去世，俄清之間的撤兵交涉也因此而中斷。俄羅斯出兵佔領滿洲固然是引發日俄戰爭最直接的導火線，但倘若李鴻章不是恰好在這個關鍵時刻死去的話，如果俄國的撤軍問題能夠更順利地獲得解決的話，或許日俄兩雄之間的對決也不會那麼快發生，但是再多的「如果」也無法挽回日俄戰爭一觸即發的熊熊烈火。

初探虎穴——聖彼得堡

明治三十五年（一九〇二年）八月十五日，明石接到了一紙調職的命令書，要他立即前往俄國的首都聖彼得堡轉任駐俄公使館武官。當時日俄之間的緊張情勢可謂一觸即發，而此時陸軍省之所以決定將明石送進敵人的心臟，除了明石本身在巴黎的表現確實可圈可點之外；還有另一個重要的決定因素，就是號稱「明治的陸軍智囊」的前陸相兒玉源太郎（內相兼台灣總督；明治三十五年十月轉任參謀次長）的推薦。

明治三十三年（一九〇〇年），兒玉在兼任台灣總督的情況下，接受了第四次伊藤博文內閣的陸相任命，他擔任陸相最主要的任務，便是為了即將到來的日俄戰爭做整軍備戰的工作；由於原來日本陸軍的希望之星——川上操六已於一八九九年去世，因而此刻兒玉肩上的責任也就益發加重。可是在日英同盟成立之後，兒玉便向當時的桂太郎總理提出請辭，希望能夠將全副心力放在台灣的治理上，並推薦由寺內正毅接任其陸相的位置。不過桂太郎卻不願放過這麼一個優秀的人才流浪在南方的偏遠島嶼上；因此同年（一九〇二年）七月又邀請他擔任實權等於副首相的文官內相之職。可惜日俄兩國之間的衝突越演越烈，而田村參謀次長又因病猝死；兒玉不得不被迫降格接任參謀本部次長（一九〇三年十月）的任務，以輔佐大山巖參謀總長。但實際上誰都清楚兒玉才是日俄戰爭背後真正的操盤者，只不過因為他的年紀和經歷太淺，恐怕指揮不了第一線的將軍學長們，所以才特別安排他擔任次官的職位。不過兒玉根本不在乎官階的高低，他心裡頭早已開始為日俄開戰預做沙盤演練了；而長年駐歐、嫻熟外語的明石正是他放在敵後最好的一步活棋。

在駐俄公使粟野慎一郎的回憶中，他覺得印象特別深刻的是當明石來到聖彼得堡的時候，不知為何似乎有種胸有成竹之感，臉上總是愉快地帶著微笑。明石到達聖彼得堡之後的第一件事便是到照相館去拍紀念照，同時還在背面附上一首自己得意的漢詩，分寄給家鄉的親戚朋友們，他的詩是這麼寫著的：

「婦女張良大謨定，猿郎藤吉雄圖畫，
何妨異日雲台上，明石將軍容貌愚。」

可以想見在明石接到調職命令的時候，應該已經得到了隨時準備開戰的消息；因此務必要把握時間在敵人的大本營盡可能地蒐集情報。因為上次無意間與日清戰爭擦肩而過的明石，此刻心中可以說充滿著無比的興奮；他確信的是自己在聖彼得堡的任期內，一定能夠聽到開戰的號角聲。

二十世紀初期的俄羅斯可以說是當時世界上充滿了最尖銳的矛盾對立之所在。它一方面有著如同美國一般生產集中的高度先進工業地帶，另一方面卻由沙皇掌握著無限的生殺大權，一億三千萬人民完全沒有任何的政治權利可言。一九〇〇年~〇三年之間的世界性經濟恐慌導致俄國工業空前的大蕭條，有四十五%的鋼鐵與石油工廠停工，數十萬工人一夕間失業，三千多家大小企業倒閉，罷工及政治鬥爭的活動日益高張。一九〇三年南俄就有二十萬人參加罷工，烏克蘭及伏爾加河流域一帶的農民乾脆放火焚燒地主的莊院，並且殺害地主與官吏。一九〇一年~〇二年之間各地學潮風起雲湧，反抗情勢可謂一發不可收拾。

然而沙皇卻不惜以血腥的手段鎮壓人民，一九〇二年內政部長普列維就曾經對鐵路工人的罷工採取強硬的高壓政策，狂言「如果有必要的時候，將不惜從屍體堆上通車！」莫斯科的保安部長祖巴托夫則派遣警察及特務滲透革命黨的組織內，這個策略就是有名的

「警察社會主義」或「祖巴托夫主義」；連後來引發「血腥的星期天」的領導人加邦神父也是他們的臥底。

明石好不容易有機會來到這個敵國的首都一探究竟，原本就用功的明石顯得益加地發奮讀書；除了努力研讀俄語之外，更積極地調查俄羅斯的政經狀況以及當時所面臨的各種殖民地問題，並且同時訂購了歐洲各國的報紙雜誌。在當時與他同住的武官輔佐官鹽田武夫少佐的印象中，他似乎從來都不曾看過明石上床睡覺，可見明石那時已經陷入了一種極端興奮的心理狀態。

有一次粟野公使實在忍不住便開口問他：「明石中佐！你身為公使館的武官真的有必要那麼認真地研究殖民地的問題嗎？」

「軍人的天職是與他國作戰保衛國家，如果戰爭勝利取得他國領土的話，是不是應該學習如何治理殖民地呢？」明石只是淡淡地這麼回答道。事實上明石廢寢忘食研究俄國殖民地還有一個重要的原因，那就是希望瞭解被統治的殖民地現況，並進一步尋求與殖民地反對運動者接觸的機會。這段時間的用功苦讀的確幫助明石後來縱橫歐洲的敵後擾亂工作打下了良好的基礎。

在這段時間內明石還迷上了一位俄羅斯的大作家——杜斯妥也夫斯基。太平洋戰爭之後杜氏的作品開始在日本文壇上被廣泛地討論，不過明石卻是在巴黎時頭一次聽到杜氏的名字，他最早讀的是法文版的《罪與罰》。後來明石轉任到聖彼得堡之後他又重新拿起俄文原版，把它當作練習俄文的教科書來研讀。書中的主人翁是一位住在懊熱的涅夫斯基大道上的俄國年輕人——拉斯柯尼可夫，他的腦海中當時充滿了各種價值觀的衝突與激盪，在正義的大義名分之下真的可以任意除去公認的壞蛋嗎？如果說拿破崙的所做所為是法國人的正義的話；那麼為了籌措自己的學費和生活費，殺死貪婪的放高利貸老太婆奪走她的不義之財，也可以算是一種正義囉……他的腦中不斷地湧現這些念頭，最後這個年輕人終於用斧頭將老太婆給砍死了。在這部作品中同時還細膩地描述了聖彼得堡舊市街的生活樣貌、基層官吏的思考方式等等，對於幫助明石瞭解俄羅斯人民的生活型態也有不少助益；此外，杜氏在書中所提出何謂真正社會正義的問題，為了實現自己心目中的社會正義，即使犧牲他人的性命也無所謂嗎？這個問題深深地撼動了明石的內心，因為這讓他回想起自己早逝的父親，為了堅持尊王倒幕的理念而不惜付出生命的代價，那樣的時代究竟什麼才是真正的正義呢……現在的日本人又該如何看待拿破崙，這個為了祖國的正義而不斷侵略他國的一代梟雄呢……。

走在聖彼得堡的街頭，這個彼得大帝仿照法國巴黎所興建的整潔都市中，隨處可見雄偉的雕像與建築物，不時還傳來美妙的聖樂嬝嬝飄揚。明石心中的思緒不禁糾纏了起來，擁有這麼偉大音樂、文學與藝術心靈的俄羅斯，和他過去心目中所認知的那個貪婪無厭、窮兵瀆武的俄羅斯，究竟那一個才是俄羅斯的實相呢？究竟這兩個截然不同的俄羅斯共通的連接點在哪裡呢？明石的心彷彿聖彼得堡灰暗的漫漫長冬，也緩緩地飄起了細細的雪花……就像《罪與罰》書中的主人翁一般，明石的心中雖然逐漸產生各種價值觀的混亂，但是身為帝國軍人的他卻未曾失去理智，也片刻不敢或忘自己來到聖彼得堡的目的——蒐集情報的工作仍然持續地進行著。

明治三十六年一月，明石接到晉階大佐的好消息。當時派駐在聖彼得堡的外交官與武官之間，大家關心的焦點都集中在剛完成

杜斯妥也夫斯基肖像畫

的西伯利亞大鐵路身上。每個人都在猜測它一年之內究竟能夠運送多少軍隊到哈爾濱去？但是明石卻有著另外的看法：「所謂戰爭便是傾全國之力化不可能之事為可能，因此問題絕對不在於西伯利亞鐵路能夠運送多少軍隊到滿洲；只要前線有需要補給參謀便必須使出十八般武藝將軍隊送出去，因此真正的重點在於俄羅斯至少必須保留多少兵力在歐俄一帶！」果不其然，俄羅斯當時也感受到滿洲問題必須儘快加以解決，因此積極地從事單線的西伯利亞鐵路改建拓寬工程。原本途中以大型交通船連結的部份也加緊趕工，在陡峭的湖岸岩壁上挖出了單線軌道；而且為了提高運送軍隊的效率，搭載士兵們的車廂在抵達哈爾濱之後便棄置路旁不再回送，日本軍的一番苦戰已再所難免。

到了接近開戰的末期，明石為了專心蒐集及整理各種秘密情報，乾脆搬到聖彼得堡郊外的一處農家暫住，並且把這地方取了個禪味十足的名稱叫做「明石庵」。當時日本的諜報網其實已經綿密地滲入了滿洲、朝鮮及西伯利亞等地，甚至連當地的馬賊、農民也有不少被收編為日軍的間諜；因此俄羅斯陸軍開進滿洲的時間、人數以及第一太平洋艦隊駛入旅順港的種種情況，大致上都在日方的掌握之中。因此留在敵軍陣營後方的明石最主要的任務，便是注意俄羅斯最強大的波羅的海艦隊的動靜，以及想辦法串聯東歐一帶的反俄羅斯組織，同時設法培植其勢力；並進一步在聖彼得堡及莫斯科等地製造大規模的暴動。

時間一分一秒地朝向開戰倒數著：明治三十七年（一九〇四年）二月五日，日本片面地向俄羅斯提出斷交的宣告。此一舉動令俄羅斯朝野大大地吃了一驚，甚至連環伺的歐洲列強也大感意外。因為誰也想不到孤懸遠東外海的一個小小島國，居然敢向世界第一的陸軍強國俄羅斯挑釁。更令人想像不到的是在八日夜晚，日本的艦隊在旅順港外以水雷突襲俄國一等巡洋艦巴魯拉達號等三艘軍艦，造成其艦身嚴重的損傷。九

日俄戰爭期間，日本學生所繪製的反俄漫畫地圖

日日本的第四艦隊更在仁川外海擊沈兩艘俄艦，翌日（二月十日）日本政府才正式向俄國宣告開戰。

在得知正式開戰的消息之後，雖然使館內還有部份的文官還繼續抱持所謂的反戰論，但是幾乎所有的武官們都興奮得無以復加，摩拳擦掌準備好好地大幹一場。明石當然也不例外，他還當下揮毫做了一首漢詩來表達自己的心情：

「城中夜半聽雞鳴，蹴枕窗前對月明，
思結鴨江營裡夢，分明一劍斬長鯨。」

芬蘭反抗份子與明治天皇的肖像

事實上日俄斷交前兩天（二月三日），俄國前財政部長維特（Vitte）便秘密地造訪了日本公使館，與粟野公使進行最後的會面。

「我和朗茲多魯夫外交部長不斷地主張撤兵與和平的重要，可是朝廷上上下下除了我跟庫羅帕托金、朗茲多魯夫之外，幾乎都是強硬的主戰派，根本沒有人知道和平的重要！他們只覺得向後起弱小的日本讓步，有損堂堂俄羅斯帝國的威嚴，而且為了俄國的遠東經營大計一步也不能退讓！看來眼前的一場戰爭已再所難免，如果閣下希望將這個消息通知貴國的話，最好能夠離開俄國的國境再拍發電報比較理想。」這也是維特對粟野最後的忠告。

英國公使在得知日俄斷交的消息之後，也緊急地邀請粟野公使見了一面；兩人在一陣短暫的沉默之後，英國公使終於開口說道：「貴國的這個決定會不會有點操之過急了呢？如果能夠再忍耐一陣子的話，相信各國一定會開始同情貴國的立場；相信要實現貴國的要求也不是難事，而和平也還有一絲希望！雖然我很清楚日本陸海軍的堅強實力，但是以目前日本的國力要與俄國對抗，不會覺得有些勉強嗎？但是到這個地步也沒有其他的選擇了！我個人只能夠衷心地祈禱貴國的最後勝利！」

日俄雙方既然正式開戰，日本使館的所有人員只有被迫撤出俄羅斯。由於粟野本來就兼任瑞典與挪威的日本公使，因此粟野決定暫時將公使館遷到瑞典的首都斯德哥爾摩；斯德哥爾摩的位置恰好隔著波羅的海與芬蘭灣和聖彼得堡遙遙相望，而且瑞典對俄國這個強鄰一向是敢怒不敢言（十八世紀末瑞典戰爭敗於俄羅斯，後來屬國芬蘭被俄國奪走）；這次日本居然敢正面向這個宿敵挑戰，瑞典的民心可謂完全向著日本一面倒。當二月二十二日日本公使館人員步出斯德哥爾摩車站的時候，那種民眾歡迎的熱切之情實在令人難以形容。當明石還在聖彼得堡的時候，曾經透過補習俄文的大學生介紹一名名叫巴洛克的匈牙利人；經由他的引薦明石陸續認識了一些潛藏在俄國的反對份子，並且探聽到斯德哥爾摩是不少芬蘭異議分子藏身地點，因此明石對斯德哥爾摩原本有著不小的期待。可是他來到斯德哥爾摩之後才發現，雖然斯市號稱瑞典的首都，但是就整個歐洲來說卻是個交通、情報極不方便的偏僻小城。原本在聖彼得堡的時候隔天便能夠取得倫敦、巴黎及柏林的報紙，可是斯德哥爾摩卻必須等到三天後才能到手。而且距離倫敦、柏林與日內瓦等重要城市至少要兩天以上的交通時間，這對於時效重於一切的情報人員來說可說是嚴重的致命傷。因此明石便決定主動寫信給兒玉參謀次長，希望本部允許他由公使館武官轉任為參謀本部派駐歐洲的特別情報員，並且擁有在歐洲各地自由行動的權利。而粟野公使也在使館遷抵斯德哥爾摩之後向小村外相回報，希望儘快在瑞典派駐正式的公使；同時另外安排優秀的軍官擔任敵軍後方的情報及破壞工作。同年六月外務省便決定派任秋月左都夫為正式的瑞典公使，並且任命明石為戰時特別勤務者。

明石在瑞典第一個探訪的對象便是芬蘭憲法黨的幹部卡斯特蘭。憑著在聖彼得堡時所得到的一絲線索，明石好不容易找到了一間位於海邊狹窄通道的舊公寓，據說那兒便是卡斯特蘭藏身的地點。可是出來應門的卻是一名老先生，他在得知明石的來意之後，答稱自己是卡斯特蘭的父親，但是兒子長年在外東奔西走，自己也不清楚他現在人在哪裡云云……好不容易到手的寶貴線索卻這麼中斷了，明石心中不禁湧起一股挫折感。正當明石回到自己的住處思索著下一步的行動時，沒想到卻有一名陌生的高雅紳士來訪，而這個人便是日後成為明石左右手的謝里雅克斯（芬蘭革命黨幹部）。他一開口便先向明石道歉，事實上剛才那位老先生便是卡斯特蘭本人。由於近來俄羅斯間諜的監視行動頗為嚴密，而且雙方又是第一次碰面；為了保護雙方的安全起見，才特別變裝易容佯裝不識。其實芬蘭憲法黨之前便對日本情報大佐明石的行動有所耳聞，站在同樣反對帝俄沙皇的立場，謝里雅克斯表示他們相當願意與明石合作。兩人並約定了隔天再度碰面，謝里雅克斯說道：

「我跟卡斯特蘭都非常願意引薦其他的同志與您見面，但是在這個旅館的話稍嫌危險，最好能夠另外找個隱密的地方碰面；如果您願意的話，請明天上午十一點整在旅館大門等待，有一輛馬車會在那時停在門口，您只要坐上那輛馬車就行了！我會在馬車上恭候您的大駕，最近幾天來碰巧大雪連連，我們把馬車的窗簾拉上沒有人會懷疑的！」

明石的心中也不禁暗暗吃驚，看來反對份子與帝俄爪牙之間的關係，的確到了步步緊張的地步。翌日上午明石依約出現在旅館的大門口，約定的馬車果然也準時抵達，明石就這麼順利地與芬蘭反抗運動者搭上了線；到達了反對者藏身聚集的小酒館之後，裡面已經有不少人在等著他們了。彼此經過了簡單的自我介紹之後，明石才赫然發現原來在芬蘭的政府機關之中，也有不少反抗運動的同志；他也藉此機會結識了一些軍方的人士，這對後來明石的種種諜報行動也有不小的幫助。

謝里雅克斯(芬蘭革命黨人)

卡斯特蘭這次還特別鄭重地邀請明石到他的住處，以彌補上次見面的失禮行為，明石也直率地答應了。兩人回到上次明石單獨造訪的那間小公寓，明石才剛走進卡斯特蘭的房間，便忍不住倒抽了一口冷氣；原來在他房間側面的牆壁上，竟然高高掛著一幅明治天皇的肖像，明石壓抑不住心頭的好奇問道：

「這不是我國陛下的相片嗎？怎麼會在這個房間裡……」

「我們芬蘭人非常尊敬這位皇帝，儘管身處東洋的一個小小的島國日本，卻能夠徹底打敗巨大的清帝國；快速實現國家的近代化，並且使日本進入世界先進列強之林；到今天甚至能夠與我們長久的宿敵俄羅斯一決勝負，實在令人敬佩！可惜的是我們芬蘭到現在還只是俄羅斯的屬國，但是日本卻有膽量與俄國正面交手；因此我們十分尊敬這位皇帝，同時我們也祈禱日本能夠得到最後的勝利！」

牆壁上另外還掛著一紙沙皇尼古拉二世署名的放逐令，還有一幅丹麥王子的肖像，他的姊姊當初以公主之尊嫁到俄國皇室，是當前羅曼諾夫王朝的皇太后；雖然他身為俄國皇室的親戚，卻意外地非常支持民眾的自由與人權，時常透過皇太后進諫沙皇要避免對俄國民眾的壓迫；因此這位王子十分贏得俄國人與諸殖民地人民的敬重，謝里雅克斯和卡斯特蘭都曾經面見這位王子，希望他能夠協助芬蘭的獨立。

卡斯特蘭對於明石也絲毫不隱瞞自己的期待，說道：「相信您也一定十分清楚，我們目前最欠缺的便是活動的資金！雖然我們的黨員人數眾多，但是主要幹部大多被放逐到國外，而且沙皇的間諜還緊追不捨，光是與其他反抗沙皇的運動份子聯絡的旅費、宣傳支出、期刊發行、秘密文件的印刷、雙面間諜的買通等等……這些對我們來說都是相當大的費用，但是現實上我們賺錢或募款的管道卻非常有限！」

「我懂你的意思！我們會盡最大的力量來協助你們的活動，不過……我也希望你們能夠答應我方的要求。」明石也坦白地回答。

說完他又接著問道：「我很希望能跟俄國社會民主工黨的列寧、普列漢諾夫見個面，這一點要請你們多多幫忙！還有我想要一張各國反抗份子的詳細名單，以及他們的組織階級等資料；如果最近有他們的集會活動的話，能不能告訴我時間和地點……」在雙方愉快的談話氣氛中，明石與卡斯特蘭結束了第一次的會面，並且取得了保持合作關係的承諾。

翌日，明石便將部份的活動資金交給了謝里雅克斯，隨後並把自己與卡斯特蘭等人會面的事回報參謀本部，並申請更多的情報活動費用；不久兒玉參謀次長便將十萬元日幣匯進了斯德哥爾摩的臨時公使館。另一方面，謝里雅克斯也利用明石提供的資金積極地與各國的反抗份子進行橫向的聯繫，並透過瑞士方面的同志尋找列寧等人的下落。

兩名軍事間諜之死

隨著田村參謀次長的驟逝，兒玉源太郎以兼任台灣總督之身繼任參謀次長之職。兒玉與田村兩人在戰術運用上最大的不同點，便是兒玉對謀略戰的異常重視。過去田村次長在位時，福島安正少將（參謀本部第二部長，負責情報工作）便曾提出利用滿洲的馬賊來蒐集情報的建議，卻不為田村所採納；但是兒玉一上任便積極策畫馬賊情報戰的計畫。

要順利進行馬賊間諜的訓練工作，必須先取得一個關鍵性人物的支持，那便是清國的袁世凱。於是兒玉便特意安排曾長期派駐清國的青木宣純大佐復任駐清使館武官，利用過去舊識的關係說服袁世凱幫忙，秘密募集情報工作隊的隊員；這支工作隊的任務除了蒐集敵軍情報之外，還必須深入敵方陣地，負責破壞西伯利亞鐵路的通行。

在即將開戰前（一九〇四年一月），這個支工作隊便完成了七十一個人的任務編組，其中還包括了十多名熟悉滿洲情況的軍官在內。二月十日，日俄開戰的槍聲一響，這支由青木所領導的特別情報工作隊便在北京歃血為盟，準備展開行動。他們主要的任務有兩點：第一點是破壞西伯利亞鐵路的通行，阻止俄軍的後勤運補（在爆破行動書上總計有超過三百個以上的爆破點）；第二點是在俄軍後方進行游擊戰，藉以擾亂俄軍前線的攻勢。工作隊底下又細分為七個班，青木大佐帶領的是指揮班，負責行動總指揮的工作；此外還有一個行動班與五個情報班；其中最為後人所知的便是橫川、沖兩人所屬的情報第一班，這一班由伊藤柳太郎大尉擔任班長，其下分為伊藤和橫川兩人分別率領的兩小班；其中伊藤班的任務是由北京經承德、烏丹城、Nomonkan（今蒙古境內）一帶，在海拉爾附近破壞東清鐵路；而橫川班則在烏丹城與伊藤一行分道揚鑣，經開魯泰來之後在龍江附近爆破東清鐵路。伊藤大尉一行人在三月七日抵達了烏丹城，伊藤本來預定在四月三日爆破海拉爾車站附近的鐵橋，但因路程上延誤遲至四月二十四日才接近到預定目標。

為爆破西伯利亞鐵路而犧牲的沖禎介

不料，早在四月十二日橫川等人即在齊齊哈爾附近被捕，俄軍的警戒也因此提高，鐵橋兩端更是派駐了加倍的兵力。伊藤眼見鐵橋的破壞無望，於是便決定先行爆破附近的鐵軌與通訊電線，之後便收兵返回北京。被捕的小班長橫川省三（當時四十歲）原本為朝日新聞社的記者，日清戰爭時也曾經從軍參加黃海戰役，與副班長沖禎介（當時三十一歲）等一行六人變裝為蒙古喇嘛；離開烏丹城後便直接朝向齊齊哈爾前進，一路上他們避開了洮南、白城等主要城鎮，結果卻因此而迷路；當他們抵達泰來時已經是四月七日了，於是橫川決定在泰來停留兩天觀察敵情；到了十日清晨他們終於發現了載運大批俄軍的列車通過，橫川便決定立刻前往龍江，如果能夠順利將龍江的鐵橋炸毀的話，至少將拖延俄軍兩個星期的時間。經過一番觀測之後他們決定在十三日行動，不料卻被俄軍的巡邏隊發現了他們的蹤跡；儘管他們辯稱自己是普通的蒙古行僧，可是行李中的軍用地圖與炸藥卻背叛了他們；兩個人當場被俄國騎兵押解回營，當時正好外出偵探敵情的松崎少尉等人則僥倖逃過一劫。

橫川兩人後來被送到齊齊哈爾的俄軍守備隊司令部，接受嚴格的盤問與調查，原本兩人始終矢口否認自己的身份；但後來俄軍又陸陸續續在附近的廢棄民房中搜出炸藥與重要的文件，兩人這才承認自己是日本的特殊部隊，負責爆破西伯利亞鐵路及鐵橋。四月十五日，橫川兩人被後送到哈爾濱的俄軍野戰軍事法庭審問，以破壞俄軍後方的間諜罪名起訴，判處唯一死刑。四月二十一日下午，橫川兩人被帶到哈爾濱郊外的空地上行刑。原本俄國大兵要將兩個人捆綁在槍決人柱上，但是橫川與沖都拒絕了；俄軍只好拿出白布條要兩人蒙上，最後只有橫川一個人矇上布條，沖自始自終都眼睜睜地等待最後槍決的一刻，而當時行刑的照片在戰後被流傳出來，使得兩人的事蹟成為日本人心中的驕傲。

明石與列寧的愛國論爭

在全世界的矚目之下日俄戰終於展開了。但是初期的戰局發展卻跌破了所有人的眼鏡，日軍可謂連戰皆捷；日本海軍除了一開始給予俄軍迎頭痛擊之外，二月二十三日起便對旅順進行徹底封鎖的戰略，幾番激戰突圍之後日軍仍舊頑強地進行第二波的封鎖戰（二月二十七日）。而陸軍方面的表現也不差，原本駐屯在朝鮮的第一軍，五月一日由黑木大將率領強渡鴨綠江，大軍北上直逼奉天而來，而奧大將所領軍的第二軍團也在五月五日登陸遼東半島，沿著東清鐵路沿線前進。

明石在謝里雅克斯的協助之下，終於在五月初與期待已久的列寧見了面，地點位於瑞士的日內瓦。列寧當時已經和孟什維克派的馬爾托夫決裂，同時也退出了火星報，列寧的情況可說正處於最低潮。兩人見面的這一年，明石剛好滿四十歲，而列寧則小他五歲；但是列寧給明石的第一印象卻極為深刻，中等身材但體格相當壯碩，年紀尚輕可是卻早已禿了前額，露出比普通人還要大上一號的頭蓋骨，溫文和藹的態度中卻隱然透露出一股逼人的英氣；縱然是身為征戰沙場的軍人，明石仍然感覺到一種無形的壓力。明石這次還特

日俄兩國陸軍在滿州的交戰

別從巴黎帶來了一瓶Cognac的白蘭地，沒想到酒才拿出來，列寧便以手勢制止明石替他斟酒，不過明石為了消解自己的精神壓力，還是自顧自地在自己的酒杯裡倒起酒來，這時列寧先開口了：

「我聽說日本政府有意援助我們的社會主義運動，不過……」列寧的口氣頓了頓，點了根俄羅斯工人常抽的便宜香菸。

「但是我並不認為日本政府對於我們正在進行的社會主義運動有任何的瞭解！而且現在俄羅斯正在跟日本打仗，我是為了解放痛苦的人民大眾而與羅曼諾夫王朝為敵的！我為了爭取人民所應享有的政治權利，無時無刻都在思索該如何與俄羅斯政府鬥爭！但是利用日本政府提供的資金來對抗俄羅斯政府，這一點我實在無法接受！如果人民知道我列寧接受日本政府的資金援助的話，將來革命成功來臨的那一天，人民毫無疑問地將會懷疑我的思想和動機！」說完列寧便無奈地吸了一陣煙。

聽到列寧這麼說，明石的心反而篤定了些，列寧的反應和自己先前預想的相去不遠，看來對方對日本的資金確實有其實際上的需要。但是礙於動機論的論點卻無法大膽允諾，因此明石決定主動出擊，說道：「列寧先生！我十分瞭解您身為俄羅斯人有不得不遵守的道德觀，但是我同樣也有身為日本人的道德標準；因此我們是不是能夠先討論怎樣的合作方式對自己有利，直接從現實的角度來談，您看如何？」

「現實的角度是嗎……明石大佐！正如您所知日本人是由同一民族所組成的，因此在面對異民族俄羅斯的壓迫時，團結一致起來反抗是天經地義的事；但是我們俄羅斯現在卻面臨沙皇與民眾之間不斷的鬥爭與對抗，甚至彼此兵戎相見；但如果現在我接受來自戰爭對手日本政府的資金的話，您想人民大眾對我會有什麼樣的看法？人家一定會懷疑我列寧領導的民眾革命別有用心，對不對？」

聽到這裡，明石決定單刀直入險中求勝，否則花再多的時間相信也不會有結果的！於是乎他毫不客氣地說道：「列寧先生！如果真是這樣的話，算我錯看你了！」列寧一聽臉色不禁一沈：「你這話什麼意思？」

「難道我說錯了嗎？雖然我對共產主義

列寧

的瞭解有限，但是我知道共產主義的始祖馬克思是個不折不扣的唯物論者！也就是說為了重新建設新秩序，過去所有的一切制度、社會組織或習慣都是可捨棄的，不是嗎？而且為了嘗試實行新的經濟理論，甚至連舊勢力的政治、宗教和教育都必須先改變。但是你現在開口閉口還在談什麼祖國、皇帝！甚至同一民族的論調，難道你不覺得自己的思想太陳腐了嗎？如果你同意我所說的話，其實我們彼此只有一個相同的目的！你努力集結所有被俄羅斯帝國主義侵略的人民，難道不是為了打倒沙皇，在俄羅斯建立起一個社會主義的理想國度嗎？而我則為了日本本身的自衛，爭取日本在東亞政局的領導地位，用盡各種手段支援前線的戰爭。我們彼此的最終目的難道不是要打倒聖彼得堡的邪惡政權嗎？不管別人怎麼說，如果革命能夠成功的話，這便是民眾至高無上的幸福，而列寧的大名也將永遠地銘刻在人民的心目中；反過來說如果只知道拘泥於小鼻子小眼睛的陳腐道德觀的話，列寧的名字就如同風中的花絮，不久必將為人民所遺忘；同時俄羅斯的社會革命也將遙如天邊之星，永遠沒有達到的一天了！」說完之後列寧沈默了好一會兒沒有回答，他的心頭或許並不認為這個初次見面的日本軍官說的有什麼道理，但是在他的印象中，敢在自己的面前如此暢所欲言的人倒是不多。

列寧——也就是弗拉基米爾·烏里揚諾夫，出生於一八七〇年伏爾加河畔的辛比斯克城，現在這個小鎮為了紀念列寧已經改名叫做烏里雅諾伏斯克。這一帶原本被稱為韃靼地方，因為在十三世紀到十六世紀之間，成吉思汗的後代在這一帶建立了欽察汗國，所以有不少的蒙古人來到這裡定居。位於辛比斯克上游的喀山是這一帶的主要都市，城中還有遠自伊凡四世時代便建造的古城堡。列寧後來便在這裡的喀山大學上課，開始步上他革命家一生的不歸路；後來他被沙皇流放到西伯利亞服刑，出獄之後卻無法繼續待在俄羅斯；列寧只好選擇前往瑞士，在國外仍舊持續進行反帝俄的革命運動啟蒙。一九〇〇年十二月，列寧與俄國的「馬克思主義之父」普列漢諾夫合作，創刊了《火星報》在瑞士、德國及英國等地發行。這份秘密報紙在全歐各地的社會主義者之間受到了熱烈的歡迎，也有一小部份流進嚴密控制的俄羅斯境內；甚至連西伯利亞的政治犯都知道他的大名，連當時還在高加索一帶活動的史達林也是他的忠實讀者。一九〇二年，俄羅斯的間諜不斷騷擾當時居留瑞士的革命份子，因此列寧也只好馬不停蹄地將火星報的編輯部轉移到慕尼黑、倫敦等地；此時的明石還待在巴黎擔任駐法使館武官，這個時候他開始興起與列寧這號人物見面的念頭。

見到列寧久不回應，明石決定更進一步刺激他：「列寧先生！你難道不感到你有一點非常重要的事情弄錯了嗎？」果然這回列寧的眼睛瞪得更大，讓人更看清楚他那略帶茶褐色屬於東方人的眼珠，「列寧先生……你認為你真正的祖國是哪裡呢？」列寧依舊沈默不語。

「你一直強調如果出賣祖國的話，對於革命同志或是俄羅斯人民無法交代，但是你難道忘了自己並不是俄羅斯人嗎？你應該是韃靼人沒錯吧！身為韃靼後裔的你，為了打倒俄羅斯的大頭目羅曼諾夫王朝，借助日本的力量難道有什麼不對嗎？這樣難道是叛徒的行為嗎？現在俄羅斯所有的領土到十六世紀為止，全部都是韃靼人的土地不是嗎？而你的臉上清清楚楚地寫著你是成吉思汗的子孫！只不過到了十五世紀末俄羅斯人的頭目伊凡三世成立了莫斯科大公國，而伊凡四世更宣佈自己是全俄羅斯的沙皇；之後對於韃靼人的迫害也越來越激烈，後來有一部份的韃靼人便回到了母國蒙古；但是也有不少人仍然留在喀山一帶……我對俄國史的瞭解還算正確吧！」

對於明石這一長串連珠砲似的凌厲話鋒，列寧仍然不置可否，明石此刻還無法掌握他真正的反應，不過列寧倒是拿起了白蘭地往自己的杯子裡倒。「列寧先生！你為了推翻伊凡四世子孫所建立的俄羅斯王朝，無論憑藉哪個國家的支助都是無可厚非的事，這是身為韃靼子孫的你所擁有的正當權利！過去像法國、德意志、丹麥跟瑞典，哪一個國家不是堂堂正正地為了收復失土而戰，這本來就是一場正義之戰！所謂以牙還牙，以眼還眼……這本來就是解決國際紛爭的唯一定律不是嗎？」列寧啜飲著杯中的苦酒，並不理會明石期待的眼神。

「閣下以為如何？我們會盡力提供你所需要的運動資金，而且完全不需要償還！也不要你提供任何交換條件，我手上的錢是來自參謀本部的機密活動費；當然……我也可以用這些錢在巴黎花天酒地；不過如果參謀本部看見我花了大錢，卻沒有看到俄國革命運動成效的話，可能連我的位子也保不住！反過來說如果革命的成果有進展的話，至少在兩國談判的時候，對日本政府的立場會有利些！但是這些行動完全都是秘密作戰，提供資金給你的事我當然不可能洩漏出去，這對雙方都沒有好處！而所謂秘密作戰就是說我也不需要你簽下任何憑據，這是男人與男人之間的約定，只要你答應我願意百分之百信任！當然我必須向國內的參謀本部回報這件事，但是參謀本部會將這件事當作永遠的秘密檔案，我想沒有一個國家的參謀總長會笨到把自己國家的機密活動費用公諸於世的吧！您意下以為如何？」

列寧緊接著又仰頭乾了一杯白蘭地，這才緩緩地說道：「其實……我目前的確為了資金的問題傷透了腦筋……」明石不禁摒息等待著列寧的最後決定。「我想……無論我是俄羅斯人也好，是韃靼人也好……我想還是先說結論吧！答案非常清楚，我從事的是俄國革命運動，而明石大佐您從事的是情報活動，這兩者都是極端秘密性的行動！既然彼此的目標相同的話，我願意接受您的條件，但是一切必須在完全秘密的前提之下進行！」

經過了一整天馬拉松式的激辯之後，明石終於取得了列寧的承諾，願意接受日本政府的資金援助，但是一切必須在秘密的情況下進行；同時明石也當面邀請列寧一起參加謝里雅克斯所策畫的反帝俄同志的聯合大會，但是基於主導會議的俄羅斯革命黨與列寧所屬的社會民主工黨路線不同的關係，列寧最後並沒有答應出席。

縱橫全歐串連後方

明石在說服了列寧接受資助之後，原本打算直接返回巴黎向公使報告與列寧見面的情形；不料卻在日內瓦巧遇幾年不見的羅蘭夫人，原本明石對於這位似敵似友的奇特女性並沒有太多的信任；但是在夫人的執意慫恿下，明石決定跟著她深入東歐一探究竟。因為東歐一帶靠近俄羅斯，諸如布拉格等大城市都是革命份子出沒的地方，而且這也比起枯等謝里雅克斯的消息要來得有趣得多。

兩人便由日內瓦搭乘火車往瑞士的首都伯恩出發，並在伯恩轉車前往蘇黎世，翌日兩人便兼程趕往革命黨人的大本營——布拉格；途中兩人還在維也納下車一遊，當時奧地利的哈普斯堡家族統治了遍及捷克、匈牙利、南斯拉夫及羅馬尼亞一帶的廣大領土；因此奧匈帝國首都維也納對於反抗份子的取締更是不假辭色，所以明石在維也納也沒有任何的斬獲，只好繼續前往下一站。

在布拉格的地下教堂酒吧裡，明石不但透過羅蘭夫人的介紹，結識了許多來自各國的反帝俄、反奧帝統治的志士，更巧的是居然碰見了久未謀面的宇都宮中佐。由於兩人同樣都身負敵後諜報的工作，身邊隨時都可能有俄帝的情報員跟蹤；所以兩人在低聲交換過彼此投宿的旅館之後，約定了隔天早晨見面的時間。

清晨宇都宮果然依照約定的時間出現了，他向明石說道：「我是從英國海軍的情報單位得知大佐正在中歐旅行的消息的！我聽說俄國皇宮及政府已經認真在考慮派遣波羅的海艦隊的可能性，因此除了緊急通知參謀本部之外；我也希望能夠趕快讓大佐知道這個消息，結果我聯絡斯德哥爾摩的公使館才知道大佐已經到了瑞士；後來透過英國的情報單位才知道您帶著一位美女在維也納出現，我猜您應該會順道來布拉格，所以我才特別趕到這裡來等您的！」明石心中不禁對英國的情報工作嘖嘖佩服。

宇都宮接著又說道：「四月中旬馬卡洛夫（一八四九年～一九〇四年，俄羅斯太平洋艦隊司令官）已經戰死了！而且旅順的封鎖戰也逐漸發揮了作用；馬卡洛夫本來想趁著封鎖鬆懈的間隙，搭乘旗艦佩特羅巴洛斯克硬闖海參崴；沒想到才一出港便誤觸了我軍的水雷，不過這些都是英國情報網所提供的消息；沒想到他們的情報能力這麼強，日本這下真是挑到好夥伴了！」

「可是反觀我們自己，似乎也太不重視情報工作了吧！進行這麼樣的一場大戰爭，針對俄羅斯的情報人員居然只有我們兩個！」

「不過我從兒玉次長那兒傳來的消息聽到，青木大佐目前也正率領了一支特別情報工作隊在滿洲一帶活動呢！」

「但是滿洲不管怎麼說，還是以正面軍力對抗為主！所謂情報工作的重點，本來就應該放在敵國首都或是國內情勢的擾亂，這一點在德國的戰術書上不是寫得很清楚嗎？」

「不過我們國內所有優秀的青年軍官或是重要將領，幾乎都已經投身到滿洲或是朝鮮的戰場上！歐洲的情報、破壞工作也只有看我們的了！」在兩人分手之前，明石還特別交代宇都宮回到柏林或倫敦的時候，要記得向身邊遇到的人宣傳，明石現在正帶著漂亮的女人在歐洲各地愉快地遊樂；不過不要提到有關行程的部份，主要的目的是希望讓敵人錯覺明石已經沉溺在溫柔鄉中，以減少諜報工作時不必要的麻煩。

離開布拉格之後明石的下一個目標是匈牙利的首都布達佩斯，匈牙利在一八六七年被迫併入奧匈帝國的統治底下。表面上雖然是雙方對等的一個聯合君主國，但是實際上卻由奧地利的哈普斯堡王朝掌控了所有的大權。因而匈牙利人民對此極為不滿，而明石在此也得以和不少反奧帝的反抗份子接觸。接下來的行程兩人還繞行了羅馬尼亞的布加勒斯特、康斯坦沙、土耳其的君士坦丁堡等地；與各地為數眾多的反對份子進行直接的接觸，當然其中也取得不少合作的夥伴關係。但是在明石的心中也有自己的打算：「如果這些花出去的費用，能夠有三分之一發生效果的話，就已經非常令人滿意了……」最後明石終於由君士坦丁堡搭船踏上歸途，由馬爾馬拉海進入地中海，從法國南方的馬賽港上岸回到了巴黎。

第一次反帝俄同志大會

回到巴黎的日本公使館之後，明石發現秋月公使已經早一步在公使館裡等他。明石除了向公使回報一個月來自己的活動概況之外，還提出下一階段柏林與波蘭等地的行動計畫，同時希望申請下一筆的機密活動費用；不料還沒等到明石說完，公使便主動開口：「參謀本部已經有消息來了，現在錢應該已經匯到倫敦的林董公使手上，所以我想你最好能自己跑一趟！而且宇都宮中佐也在倫敦等你，英國是我們現在最有力的盟友，或許他們有什麼最新的情報也說不定！」明石聽完正要整裝出發的時候，有一名不速之客出現了！

原來謝里雅克斯也跑到巴黎來，他向明石報告自己最近串聯行動的結果，義大利和南斯拉夫的社會主義者都已經聯繫上了；而且他還在貝爾格勒碰到了柴可夫斯基，他還寫了一封親筆信函要交給明石，信上的大意是：「俄國社會革命黨非常樂意主辦反帝俄同志的聯合大會，我想站在日本的立場來說，或許原本也不願主動去挑起其他國家的內亂爭端，但是從俄羅斯人民的角度來看，我卻不認為這有任何可議之處；畢竟沒有人相信因為日俄戰爭的失敗，會導致俄羅斯國家的滅亡。而且當前的沙皇和俄羅斯政府簡直就是十惡不赦的惡魔，身為社會革命黨的一份子，打倒這個惡魔本來就是理所當然的事；因此藉由這次戰爭的機會來進行顛覆的工作，本來就是我們最大的期望！」接著謝里雅克斯還補充道：「柴可夫斯基還告訴我，最近羅曼諾夫政府內部由於對日戰爭的關係已經出現了分裂的情況；如果能夠把握這個機會將各地的同志團結起來，同時在各地發動反抗行動的話，應該能夠加速羅曼諾夫王朝的崩潰才對！」

「如果這樣的話，那應該儘快舉辦一次大規模的聯合大會。我最近也剛去過捷克、匈牙利、羅馬尼亞跟土耳其，這些國家的反對運動者也相當願意跟其他地方的同志共聚一堂，好好地共商起義大計。近來俄國間諜的行動越來越囂張，如果大家再不團結起來的話，恐怕成功的機會就不多了！不如我們就先暫定日期在十月初吧！」

另一方面，波蘭國民聯盟秘密評議會的幹部多摩夫斯基也藉由明石的引薦，在五月間以《全波蘭評論》特派員的身份前往日本，並拜訪了兒玉參謀次長和福島安正少將；也應兒玉之請製作了兩份有關俄羅斯國內局勢與波蘭問題的長篇報告。但是多摩夫斯基始終不願意單純的波蘭民族運動成為日本軍的馬前卒。雙方在折衝討論之後終於談妥合作的底限——就是由國民聯盟製作反戰的文宣在滿洲散發，藉以煽動波蘭籍士兵棄戰投降，而日方也答應給予投降的波蘭士兵特別的待遇。

明石回到了倫敦之後，林董公使對他精彩的表現可謂讚譽有加：「看來這下在明石老弟的努力下，反帝俄的勢力終於要大團結了！兒玉參謀次長還特別打了電報來，要你照這個樣子好好幹下去哩！不過六月裡軍部的人事可能有些異動，聽宇都宮說等到滿洲軍正式編成之後，說不定兒玉次長會調昇總長也不一定；還有你申請的機密活動費已經匯到了，根據你之前的報銷記錄跟活動報告，我認為你應該可以再多申請一些沒有問題……」林公使嘴裡一邊說著，一邊將英格蘭銀行的支票開給了明石，這種難得的知遇之情讓鐵血男兒的明石也不禁心頭一暖，心想回到日本一定要好好地向兒玉次長表示謝意。

接著明石又聯絡謝里雅克斯要他到倫敦來一趟，明石這才頭一次將謝氏介紹給宇都宮中佐（當時擔任駐英公使館武官）；並且把代表日本軍部與歐洲反對份子聯絡的任務交付給宇都宮。而明石自己則希望進行更直接的敵後破壞工作，當時在巴爾幹半島一帶所結識的反對份子中，確實有不少慷慨激昂的熱血青年，「如果他們願意接受我的指揮的話……」

明石的心中這麼想著。最後他決定集結一支敢死隊，直接深入敵營進行鐵路爆破的工作。劍及履及的明石大佐馬上和砲兵科出身的田中弘太郎（陸士九期）商討行動計畫的可能性，並拜託田中負責籌措行動所需的炸藥。明石還從捷克與匈牙利召喚幾位可靠的反對派青年前來倫敦，組成了一支包括六名日本人在內的敢死隊；行動的目標是要炸毀莫斯科通往遠東的西伯利亞大鐵路。

留在倫敦的明石則繼續從事蒐集情報與串連的工作。六月底莫斯科方面終於傳出了好消息，距離莫斯科東方不遠俄喀河上的鐵橋發生了爆炸事件！公使館裡的明石與田中兩人聽到這個消息都忍不住喝采起來；可是接下來事情的發展並不如預期的那麼順利，開往西伯利亞的火車只不過受阻了一天便又恢復通行，而且參與爆破的敢死隊員有五名被捕，其餘的人則下落不明；為了這些不惜犧牲性命的英雄們，明石的內心也不禁惋惜起來。

幸好壞消息的陰影並沒有持續太久，七月二十八日，俄羅斯政府的實力派內政部長普列維被革命黨人給暗殺了！普列維本人是強烈的主戰派，戰前他還將主張和平的財政部長維特給解任掉。他認為只要對外開戰，至少能夠使人民暫時忘卻眼前生活上的痛苦；但是隨著旅順、遼陽一帶連戰連敗的局勢，俄國內部人心厭戰的氣氛恰似風行草偃，一發不可收拾。八月十日，在遼東半島以東的黃海上，維特傑夫德少將浩浩蕩蕩地率領著旅順艦隊闖關，不料卻遭到東鄉艦隊的伏擊；不僅旗艦傑沙雷文奇號被徹底擊毀，其他的船艦也都受到或多或少的損傷，最後甚至連維特傑夫德少將也在戰役中殉職，這便是史上有名的黃海海戰。在陸軍方面，六月的遼陽會戰中俄軍也只有節節敗退的份，眼見局勢如此，俄國方面也只好動用最後的王牌了！根據八月二十四日英國情報部所提供的消息顯示，俄羅斯政府已經正式決定，即將派遣最強大的波羅的海艦隊直驅東洋。

另一方面，在這段期間明石與謝里雅克斯仍然積極地為了召開十月初的聯合大會而奔走。早在五月初的時候，俄羅斯的社會民主工黨與立憲民主派原則上同意參加此一宣示性的聚會；到了六月初絕大多數的反對運動者都知道了謝氏正在籌劃聯合大會的消息，不過表面上這次會議是由芬蘭革命黨的謝氏所主導，知道他背後有日本軍方勢力支持的人並不多。謝氏在八月時還主動參加了在阿姆斯特丹所舉行的第二國際大會，他除了在會場上與其他社會主義份子交換意見之外；同時還在大會上報告了召開聯合大會的提案：「我認為目前最要緊的工作是串連俄羅斯和其它民族的反對人士，緊急召開一個跨黨派的聯合代表大會！大會的主要目的在於擬定一分反戰的共同宣言，並且決議出各黨派共同的反戰行動策略，而我個人認為最有效的手段，應該是在各地同時掀起武裝暴動與農民起義，如果各位在資金或武器上有實際需要的話，芬蘭革命黨方面可以負責代為籌措……」結果此項提議在會場上獲得了一致的支持。

阿姆斯特丹的大會結束之後，明石與謝氏轉到巴黎進行下一步的準備工作，他們認為亞美尼亞社會黨幹部梅力可夫公爵的協助，將是促成聯合大會成功的一個重要因素；因此兩人便連袂前往公爵的住處拜訪，並提出召開十月大會的計畫。

「我個人對於反對派的團結合作非常贊成，但是召開這個大會可能會遭遇到兩個主要的問題：第一、如果各黨派聯合行動的話，有可能會引發各國專制政府的不安，說不定有些國家會痛下決心大力掃蕩反對份子的活動！第二、每個黨派的理念與做法都有或多或少的差異：像俄國的革命黨、社會民主工黨、民主立憲派；波蘭的國民、社會兩黨；還有高加索、芬蘭等各民族反對派；雖然俄羅斯政府是他們共同的敵人，但是他們彼此的主義和手段之間卻有極大的差距，想要擬定一份讓所有人滿意的共同宣言恐怕不是那麼容易的事情吧！如果這一點能夠順利解決的話，我也非常樂意參加這次的大會！」

「您說的確實很有道理，所以這次的聯合大會我希望由謝里雅克斯來發起，由於謝君本身是芬蘭人，無論與俄羅斯的革命黨、社會民主工黨之爭，或是波蘭的國民、社會兩黨之爭，他都能夠取得一個比較中立的立場。而且他的人脈極廣，與俄羅斯的民主立憲派或是芬蘭憲法黨都有不錯的交情，我想如果由他出面斡旋的話，這場聯合大會的成功應該不成問題！」明石胸有成竹地這麼回答公爵。

公爵最後終於接受了明石的提議，並且還為他介紹不少流亡瑞士一帶的反抗份子；因此明石與謝氏決定快馬加鞭，繼續聯絡其他更多的反對陣營，邀請他們派代表出席十月的大會。不過在對象方面明石和謝里雅克斯卻有一點小小的不同意見，問題的焦點便是究竟要不要邀請俄羅斯的民主立憲派與會。明石擔心民主立憲陣營中立場不同的兩派，如果彼此間無法統一口徑的話，搞不好到最後連其他的黨派也會一併被出賣掉；因此明石一直希望能夠放棄邀請民主立憲派，不過在謝里雅克斯的執意堅持下，最後明石也只好讓步，答應寄出邀請函。不久民主立憲的激進派很爽快地答應派員出席，只不過他們有個但書的條件，那便是希望能將開會的地點設在巴黎。

八月底，明石暫時結束了一連串明查暗訪的行程，回到了久別的斯德哥爾摩。他才剛踏進公使館的大門，便收到了宇都宮由倫敦打來的電報，希望他能馬上到倫敦來一趟。兩人一見面宇都宮便氣急敗壞地說，原本答應派遣代表出席的波蘭社會黨，沒想到在最後一刻突然反悔，拒絕參與這次的聯合大會。原因是俄羅斯的崩得派（猶太人社會黨）宣稱，這個大會背後的黑手是日本的軍方勢力，根本不是什麼社會主義革命的大團結。同時這個謠言的影響力不斷擴散，其他如拉脫維亞社會民主黨、烏克蘭革命黨等都拒絕了出席。甚至連俄羅斯反抗運動的龍頭老大——俄羅斯社會民主工黨，也因為這個謠言的影響而不得不在九月三日的黨內協議會上正式否決了出席的可能性。

明石雖然盡力挽回這些社會主義者的心意，但最後終究功虧一簣。在十月一日的聯合大會上，列寧和普列漢諾夫的身影終究沒有出現；不過當天的會議對反帝俄陣營來說仍然是極為重要的盛事，這也是俄羅斯解放史上第一次的同志聯合大會。會議的地點在巴黎市內Montparnasse車站附近一處俄國餐館的地下室，餐廳的主人也是被俄羅斯流放的革命份子；會議一共連續進行五天，由謝里雅克斯擔任會議的發起人兼主席，而明石則以觀察員的身分獲准旁聽。

會議的進行大致上還算平和，不過各黨各派的發言果然不出梅力可夫公爵所料，每個人都盡力提倡並維護己方的立場。以俄羅斯的民主立憲派來說，他們便希望能透過各種社會組織持續推動合法的運動，諸如要求立憲或無條件釋放所有政治犯。而俄羅斯革命黨則希望當他們判斷有必要進行武裝暴動或暗殺行動時，其他的黨派能夠同時發動示威、請願等行動加以聲援。在芬蘭革命黨方面，黨內一部份激進的份子希望能夠趁著十二月十九日芬蘭議會召集之際，加強在民眾間煽動各種暴動的活動；由於芬蘭當局長期以來以行政命令禁止許多反對派人士歸國，相信在議會開議的這段敏感時間，這項措施更容易引起民間的反感與反彈。對反對運動來說是不可錯失的良機，因此他們希望在芬蘭起義之際，其他地區的團體也能夠一舉起而響應。

會議中雖然從頭到尾充滿了各說各話的氣氛，不過最後總算決議出一個大家都能同意的結論：「當某一團體在帶動學生運動、農民起義或勞工抗爭的時候，其他的組織必須儘可能配合同時擴大反抗行動。另外在政府招募新兵或調集後備軍人之時，應同時展開反戰的宣傳活動，並且在現場散發所有出席團體連署的傳單。同時透過各種合法或地下刊物，對於當前俄羅斯的專制體制進行徹底的批判；並且將此次備戰不足所引起的人力、物力損失，完全歸咎於象徵俄羅斯國體的沙皇。」不過決議中真正得到大家一致支持的，應該還是阻撓募兵活動的部份。

明石對於費盡千心萬苦好不容易召開的大會，竟然只得出這樣的結論當然不甚滿意，但是基於本身的敏感立場卻也不便多說什麼。不過在臨機應變下他倒是想出了個好主意，那就是在聯合會議結束之後，明石立刻藉著提供資金的理由，將幾個激進派的代表留了下來，另外再進行一場會外會；針對彼等所策畫的暗殺、罷工、暴動與示威等活動，詳細地進行討論，明石並當場允諾提供充分的資金供其使用。當所有會議告一段落之後，明石便立即拍發緊急電報向參謀本部報告，並申請支援革命運動所需的款項，此次會議的結果可說得到參謀本部高度的讚賞。

順道一提的是，謝里雅克斯在這次的會議當中，也被迫與黨內的部份保守勢力決裂，會後謝氏便宣告脫黨，並另行成立一個芬蘭激進革命黨，與同樣採取激進路線的俄國革命黨逐漸合流。

冬宮砲擊與血腥星期天

在第一次的同志聯合大會結束之後，明石決定暫時留在巴黎觀察後續的情況。在田中中佐的安排下，他找到了一處英國律師事務所的地下室做為臨時的情報指揮中心，繼續籌劃對俄羅斯政府及沙皇的攻擊策略。

「照這個樣子看來，非得想辦法在聖彼得堡搞一次大規模的暴動才行哩！」明石在狹窄的地下室裡來回地踱步，一邊對田中這麼說著。

「我也贊成這個意見！從參謀本部來的消息說，乃木將軍所率領的第三軍預計年底之前就會拿下旅順，如果我們能夠把握這個時機，在聖彼得堡掀起大暴動或是將尼古拉二世暗殺掉的話，肯定會給皇宮跟政府帶來徹底的震撼！」

「這麼說來我倒是有個好主意！你知道德川家康攻打大阪城的典故嗎？」

「這個嘛……我只知道是場激烈的戰鬥，其他的就不太清楚了！」

「秀賴與淀君當時藏身在大阪城中的本丸，德川則正陷入與真田、後藤的激戰之中，當時恰好也是冬天，後來德川使用大砲直接砲擊本丸城堡，受不了驚嚇的淀君只好命令秀賴開城求和！」

「咦？難道您想用大砲直接轟炸聖彼得堡的皇宮嗎？」

「正是如此！冬天裡沙皇的家人們應該都會搬到冬宮來住吧！這個砲擊的計畫只要拜

託革命黨，我想他們一定會欣然接受的！重點是必須有人潛入聖彼得堡直接和對方討論這個計畫，並且提供他們所需的資金罷了！」

明石所說的冬宮地點位於聖彼得堡市內的涅伯河畔，沙皇和家人通常都會到這兒來度過酷寒的冬天。而此刻明石的心中，便是希望在年底旅順陷落之前，設法利用砲彈或炸藥在冬宮引發意外的爆炸事件，藉以增加沙皇的心理壓力。

另一方面，謝里雅克斯的行動也越來越活躍，此刻的他已經成為歐洲知識份子心目中的進步革命家；甚至連法國的政治家瓊斯、作家亞那多爾、貴族院議員普雷桑謝等等的知名人士也開始支持謝氏；甚至還同組一個「俄羅斯之友（取其俄羅斯政府之敵的意思）」的團體，並發行同名的刊物，極力地攻擊俄羅斯的帝國主義行為。當時的法國政府雖然與俄羅斯締結盟約，奇怪的是大部份的知識份子卻站在同情反對運動的立場；有不少的知識界名人都曾經在這份《俄羅斯之友》上發表過文章，聲援反對份子的行動。

不知是明石的策反行動發揮了效果，還是日俄戰爭的前線失利開始發酵。從一九〇四年（明治三十七年）的十一月起到翌年的一月間，整個俄羅斯到處都爆發了大大小小的抗議與暴動，甚至連原本嚴守溫和啟蒙路線的社會民主工黨也開始訴諸武力。這便是史上有名的一九〇五年革命的先聲。連列寧曾經承認：「如果沒有一九〇五年的『總演習』，就不可能有一九一七年十月革命的勝利！」

一九〇四年十二月二十八日，高加索地區的警察總長遭人暗殺。而在滿洲的戰場方面，一九〇五年一月一日，四萬八千名的俄國陸海軍在旅順向日軍投降，僵持已久的旅順終於淪陷。而翌日在聖彼得堡有六千名的市民抓住這個機會，直接向沙皇提出「制憲」的請願要求；另外在聖彼得堡的聖伊薩克大教堂也有從全國各地集結而來的一千多名信徒，集體進行反戰的祈禱與決議。但是沙皇仍然頑強地表示：「俄羅斯帝國自古以來即為沙皇所統治，這個祖先代代所留傳的基本政體絕不改變；不過隨著時代的進步，設置一個符合國民希望的機關倒也無可厚非！」

到了一月十九日（俄羅斯曆法當天為一月六日）的時候，明石策畫已久的冬宮砲擊事件終於實現了。當天是俄國東正教慶祝受洗的日子，所有的大臣和將軍都列隊排列在冬宮的廣大庭園之中；而沙皇則在近衛連隊士兵的護衛中，登上祭禮的高台上接受臣民的祝福，此時涅伯河對岸的佩特羅巴洛斯克要塞會發射二十一響的禮砲表示慶賀之意。一陣一陣沉悶的禮砲聲開始迴蕩在涅伯河寬闊的河面上，出人意料之外的是，隨著第四響禮砲的爆炸聲居然有一枚實彈在冬宮的上空爆炸了！破碎的彈殼散落在庭園各處，令人觸目驚心的玻璃碎片更是隨處可見，宮中的侍女們發出一聲聲悽厲的慘叫聲；所幸沙皇並沒有受到任何的傷害，只不過是受到了一點驚嚇，但是他仍然強作鎮定繼續主持慶祝的儀式。

憲兵隊馬上針對此次的砲擊事件進行了調查，原來應該是用來發射禮砲用的空包彈，不知道為什麼卻被人調包成為具有殺傷力的實彈，而且一般砲彈上都具有調節爆炸時間的信管；因此從砲彈爆炸的時間點來判斷，犯人的目標應該是皇帝本人沒錯，不過最後並沒有發現犯人。

這個不吉利的砲擊事件彷彿為聖彼得堡敲起了喪鐘，三天後（一月二十二日）將近二十萬名的勞動者（包括老弱婦孺）在加邦神父的領導下走上了街頭，要求工作待遇及生活的改善；一行人浩浩蕩蕩地朝著沙皇所在的冬宮前進，而這一天正是歷史上殘忍的「血腥的星期天」。加邦神父在反帝俄的陣營中，一直是個引人爭議的角色。有人認為他是個偉大的宗教家，他不但獻身於宗教事業，同時還建議政府採納新式的共濟制度，幫助勞動者大大地提昇了社會地位以及經濟力量，是反對運動道路上的先知；另一方面也有人認為他只不過是個嘩眾取寵的高手，具有強烈的表現欲望，利用協助勞動者的活動來爭取人氣，但是幾乎所有的人都一致認為他是個煽動群眾的能手。直到後來加邦神父才被人發現他是保安部「祖巴托夫式特務組織」的一員，最後被憤怒的革命份子暗殺而死。

儘管如此，因為一九〇五年初的「血腥的星期天」事件，加邦神父一躍而成為全俄國的知名人物。當天聖彼得堡是個嚴冬裡少見的大好晴天，燦爛的陽光映照在夜裡積滿的雪地上閃閃發亮著；站在好幾萬群眾的前頭，一身素淨神父裝束的加邦氣勢昂揚地大步走著；抵達了冬宮之後，加邦在一片烏鴉鴉的人群前方，慷慨激昂地發表起了演說。

「羅曼諾夫皇帝身為俄羅斯東正教的司

現今的冬宮廣場

祭，絕對不能夠忘卻全體俄國人民的幸福！但是圍繞在皇帝身邊那群愚昧的大臣與將軍，卻總是引誘皇帝採納那些反動的政策；現在我們唯有到皇帝陛下的面前，直接向皇帝陳述廣大人民所遭受的痛苦，我們相信賢明的陛下一定能夠體會我們的無奈！」加邦神父將預備遞交給沙皇的直訴狀高舉在自己的頭上，身旁的少年還帶著一只基督的聖像，身後的大批群眾則高聲合唱著雄壯的基督讚美歌，但是他們卻被冰冷的鐵門擋在冬宮之外，沒有辦法當面向沙皇交出直訴狀。

當天早晨，聖彼得堡的政府、警察、軍隊全都感受到這波人民的龐大力量；緊急派遣了一萬兩千名的步兵、三千名的哥薩克騎兵，不但將冬宮團團地包圍起來，同時還封鎖了市內各個主要的交通要道。近衛連隊的隊長高聲地喝阻群眾繼續前進，但是高聲歌唱的群眾們絲毫不予理會，憤怒地推開圍牆的大門；以加邦為首的大批群眾不斷地朝向冬宮推進，儘管近衛隊長聲嘶力竭地高聲斥喝著，卻再也擋不住排山倒海而來的憤怒群眾。此時只聽見哥薩克騎兵隊長一聲令下，所有的騎兵猛地朝向群眾衝去，劍起劍落處只聽見一聲聲人聲哀嚎；加邦神父與少年雙雙地倒臥在血泊之中，瘋狂的哥薩克騎兵彷彿一具具嗜血的惡魔，冬宮前的雪地轉瞬間染成刺眼的鮮紅。事後政府公佈事件當天的死亡人數為一百人，但是實際上的死亡人數則遠超過這個數字。（有報導稱死者一千二百一十六人；傷者則高達五千人以上）領導「血腥的星期天」遊行的加邦神父在事件中幸好只受了點輕傷，經過了這次的殘酷鎮壓之後，他一躍成為民眾解放、反對帝俄暴政的英雄人物。由於他本身所擁有的神職身份，事後並沒有為俄國政府逮捕入罪；但是他仍然持續地在各地巡迴演講，並且時常與俄羅斯政府的警方、特務發生衝突，也因此他的名氣在俄國民眾之間也越來越響亮。

日內瓦聯合大會與武器偷渡

雖然波羅的海艦隊早在一九〇四年十月中旬，由羅傑斯杜文斯基中將率領朝向半個地球外的日本海出航；但是當一九〇五年的元旦旅順港陷落的時候，這隻龐大的艦隊還遠在非洲的最南端，然而隨之而來的是一連串俄國國內的壞消息。當時人在日內瓦的列寧甚至還寫文章說：「旅順的投降是沙皇專制制度投降的前奏！」一月二日（俄曆），有六千人的群眾走上聖彼得堡的街頭要求立憲；一月三日（俄曆），聖彼得堡市內最大的工廠——

普梯洛夫廠的工人因為反對四名工人被無故開除而罷工，瞬間有十四萬的工人響應。一月六日（俄曆）冬宮的砲擊事件爆發，一月九日則是史上著名的血腥的星期天。過了不到三個禮拜的時間，俄國皇宮深具影響力的歐爾基大公居然被人暗殺在自宅外的馬車上。歐爾基大公是亞歷山大皇后的姊夫，從尼古拉二世小時候開始便以他的保護人自居，這次的暗殺事件深深地震撼了整個皇宮。這一連串的事件揭開了俄羅斯一九〇五年革命的序幕，全國各地接連不斷地爆發一樁又一樁的反抗行動。在喬治亞王國激烈的民眾甚至壓倒了出動鎮壓的軍隊；敖得薩港灣的碼頭工人罷工也持續地進行著；在附近的塞伐斯托波爾（Sevastopol）也有八千名的黑海艦隊士兵掀起了暴動，甚至燒毀了一座海軍的兵工場。但是政府出動的鎮壓部隊卻開始拒絕對暴徒開槍，連軍隊中也開始瀰漫著反政府的情緒；雖然沙皇後來也召見了十位穩健的勞動者代表，但是卻平息不了民眾們的怒火。

在這樣的環境背景之下，明石再度來到了巴黎。他的目的是為了與柴可夫斯基、謝里雅克斯等人會面，討論召開第二次反抗同志聯合大會的事宜。在年初一連串事件的刺激下，各地的革命份子都受到了強烈的鼓舞，甚至連原本杯葛武裝暴動的社民黨孟什維克派，也公開表示應該「將有組織的勞動者進行武裝」，而未出席巴黎大會的列寧也在與加邦會面之後，發表了「社會民主黨應該與革命的民主主義派、俄國革命黨攜手進行武裝鬥爭，爭取革命的早日完成！」比起上一次巴黎聯合大會時的情勢，明石認為這個時刻更有需要舉行集結所有黨派的會議，討論實際進行武裝革命的可能性，在經過初步的討論之後，幾個人決定會議仍然由謝里雅克斯負責聯繫，但以加邦神父之名出面邀請，希望這位新出爐反抗英雄的名氣能夠招攬更多不同黨派的與會。

此時另外有一件重大的消息傳進了明石的耳中。根據柴可夫斯基得到的訊息顯示，在瑞士有一名商人急著出售一批五萬把的手槍，價格方面並不特別要求，如果有興趣的話希望明石馬上到維也納來一趟。一聽到這個消息明石便急忙趕往公使館，請求林公使將參謀本部的款項全數開成瑞士銀行的支票，帶著這筆錢明石火速地離開了倫敦。在維也納與仲介買賣的波蘭反對派份子接觸後得知，賣方的態度非常審慎，不希望這批槍枝流入革命份子的手中。如果能夠以政府名義出面購買的話，相信這筆交易會比較容易成交。後來明石透過曾經在俄國皇宮任職的反對黨人，設法借用一名熟識的俄國高級軍官的名義出面，總算順利地買下了這一批手槍。不過關於這筆武器資金的籌措方面，日本國內倒是發生了一些小插曲：當時明石曾經向國內回報需要一筆約五十萬元的資金，藉以購買武器援助俄羅斯的武裝革命；但是小村外相卻以不希望俄羅斯內政繼續惡化為由，否決了這項提案！後來秋月公使也曾經代表芬蘭的革命份子，向日本政府申請一筆購買武器的資金，外相卻以更加堅定的口氣回絕了這個要求。當時的電報上是這麼寫著：「依照目前俄國國內的情勢來判斷，即使不需要日本的援助，仍然會繼續惡化下去；因此現在對反對份子提供任何的支援都不會產生任何應有的效果……在俄羅斯的情勢明朗化之前，我國政府決定不做進一步的干涉！」但是這個「不干涉」的海口似乎誇得太早了些，雖然二月底的奉天會戰日方取得了勝利；但是卻也讓日本感覺到戰爭對國力的強烈壓力，經濟上也開始出現了危機，因此日軍情報部當下決定提供一百萬元的資金，支援俄國國內的武裝革命勢力，而日本政府在三月底也不得不追認這個結論。

一九〇五年四月二日，連續三天的第二次聯合大會終於在日內瓦召開了，出席這一次的會議的代表比起上次更多，連列寧的布爾什維克派以及猶太的崩得派也派遣了代表參加；但是在會議中卻基於對俄國革命黨強力主導的不滿，途中便雙雙退席抗議。即使發生如此的事件仍然不減此次大會的豐碩成果，會後合計共發表了兩份政治宣言；第一份是所有出席代表署名的一般政治宣言，重點為「以武裝革命為手段實現直接的政治要求」（包括民主共和國的建立、制憲會議的召開以及一連串個別民族的要求）；第二份則是社會主義諸派出席者的共同宣言，其重點為「不但要追求政治上的民主改革，更要進一步進行與布爾喬亞資本主義剝削的鬥爭」。會後以謝里雅克斯及柴可夫斯基為主的幾個核心份子，便積極地籌畫如何將武器偷渡進入俄羅斯境內的秘密計畫。關於這個部份實際參與的人並不多，甚至連俄國革命黨在外委員會收到柴氏有關武器偷渡的報告時，這些武器早已上船出海去了。

結束會議之後回到倫敦的明石，急忙找來宇都宮跟謝里雅克斯商量偷渡武器的大計。

「這下子資金跟革命份子的部份都不成問題了，下一步是怎麼樣把這些武器送進俄國呢？」謝氏邊問邊望向明石。

「陸路成功的可能性太低，看來只有從海上了！」明石思索了一會兒這麼回答著。

「但是有辦法找到可靠的船嗎？」

「倫敦的日商『高田商會』剛好有兩艘船要賣，至於資金方面則不成問題！」

「大佐！如果船沒有問題的話，您打算怎麼樣把這些武器送進俄羅斯呢？」

「我想可以將這些槍枝分做兩批，一批經由黑海送進敖得薩，另一批則經由波羅的海直接送進俄羅斯的心臟地帶！不過詳細的情形可能要拜託高田商會的人幫忙計畫才行！」

經過與高田商會的柳谷先生商量之後，發現原先明石所屬意的兩艘遊艇噸位太小；在柳谷的幫忙下另外找到了一艘三百多噸的約翰．格藍德號遊艇。這艘船暫時先安置於荷蘭的鹿特丹港口，等到瑞士的武器一切手續辦妥，便直接運送到鹿特丹港口來；為了避免海關人員起疑，先委託高田商會的往來廠商協助將這批槍械裝進一艘開往馬尼拉的貨船上，然後在鹿特丹外海再搬運到約翰．格藍德船上；之後船隻便直接駛往波羅的海，預定在芬蘭沿海的凱密及芬蘭灣的維堡一帶分批卸下。

沒想到此時東洋戰場的戰局又起變化。原本被俄國視為最後一張王牌的波羅的海艦隊，在歷經了半年以上的遙遠航程，航行了整整一萬八千海里抵達對馬海峽之後，居然在日本海上吃了個大敗仗。原本合計三十八艘船艦組合而成的艦隊，有三艘戰艦、三艘裝甲巡洋艦被擊沈，兩艘戰艦與三艘裝甲巡洋艦嚴重受損，只有三艘順利突圍逃往海參崴，該艦隊事實上幾乎等同於全數殲滅。但是隨著波羅的海艦隊的潰敗，真心期盼和談的不是俄羅斯卻是日本！俄國方面的態度毋寧說反而更加地強硬，雖然俄國海軍到此已無力戀戰，陸軍方面也節節敗退；但是到目前為止雙方征戰的戰場都在清國境內，日軍連一步都還沒

朝日艦，為對馬海戰中日本聯合艦隊主力戰艦之一

曙光號巡洋艦，對馬海戰後俄國海軍艦隊中少數沒被擊沈的戰艦之一

踏進俄國的領土，

因此俄國的主戰派到此仍然還沒對戰爭真正死心！然而日本政府高層部卻早已準備進行和談，當時的樞密院議長伊藤博文甚至安排金子堅太郎前往美國，拜會當時的美國總統西阿道爾・羅斯福（Theodore Roosevelt），請求美國介入協調日俄兩國的和談。六月九日羅斯福總統終於出面勸雙方停戰。

但是明石的任務到此並未結束。根據參謀本部的電報指示，應該繼續設法擴大俄羅斯國內的動盪情勢，協助日方在談判桌上獲得更有利的議和條件。而敖得薩方面自該年的春天開始便不斷地發生罷工事件。六月份勞動者當中的革命份子甚至與警方發生激烈的街頭對抗。六月二十九日，黑海艦隊中的波坦金號上發生了下級士官兵的暴動事件，監禁艦長及軍官並建立了艦上的自治組織；另一方面在陸地上也有部份革命黨人起義呼應。然而明石所準備的槍械卻還遠在瑞士的一隅，遠水救不了近火的結果，敖得薩的暴動事件被迫以悲劇收場。

七月底瑞士方面的武器終於運抵了鹿特丹，經過北海上的轉運過程槍械順利地搬到了約翰號的船艙中。八月十四日夜晚約翰號通過了丹麥北方的斯加吉拉克海峽；八月十八日晚上在拉脫維亞的文島一帶卸下一部分的槍枝，但是在芬蘭灣的維堡卻不見原先預定的人手出面接應。約翰號在不得已的情形下只好返回哥本哈根補充燃料與食糧，然後再度進入波的尼亞灣，分別於九月四日、六日在克密與科特卡一帶卸下部份的武器；但不久船隻卻意外地在科特卡外海擱淺，雖然船上的人員極力搶救，希望將船上剩餘的槍械卸到附近的小島上，最後困於人力與氣候條件不佳只好放棄，約翰號只得面臨被爆破棄船的命運。事後俄羅斯海軍發現了海上漂流的船隻碎片，大力搜索的結果有將近三分之二的槍枝與炸藥都落入了軍方手中，只有少數流入了社會民主黨份子之手。

基於這次武器偷渡行動的挫敗，後來明石又再度計畫了一次黑海方面的走私行動。這次的偷渡行動遠較第一次來得成功，絕大部份的武器都順利地交到了高加索地區反對份子的手中，並且在當地引發了大型的武裝暴動。但是此時日俄雙方已在美國的出面協調下，在美國的朴資茅斯簽訂了停戰和約；俄國方面願意將滿洲鐵路（中東鐵路南線）的權利、大連及旅順的租借權與南樺太（庫頁島）讓渡給日本，但是並不提供任何的賠償金。

明石在日俄戰爭中所扮演的諜報角色到此可說是告一個段落，但是他並沒有機會繼續待在歐洲，親眼見到俄國革命後續的發展。一九〇五年十月十一日，參謀本部傳來了明石的歸國命令，他除了立刻將手頭上剩餘的三十多萬機密費用滙回國內；並且寫信給參謀次長長岡外史少將，表達自己希望多留在歐洲幾天，到自己還不曾到過的義大利去旅行一下。臨行之際，情感豐富的明石還特別做了一首詩送給了謝里雅克斯，感謝他與自己患難與共的這一段時光；

「友愛情深忘故鄉，追隨到處臥風霜；
別離休說斷腸事，成敗回頭夢一場。」

俄國革命與明石

一九〇四年二月，俄國與日本在清國的滿洲所開啟的這一場戰火，基本上是為了爭奪朝鮮及清國東北地方特權的一場帝國主義霸權之爭；而這一場戰爭比起任何國內的恐怖行動或暴動，都更有效地促進了俄國革命的爆發。而明石在這場戰爭中所扮演的角色，更是值得大家來深入探討的。

以當時明石身邊最親近的芬蘭革命家——謝里雅克斯來說，事實上早在日俄兩國開戰之前，便對於東京政府的動態抱持著高度的關心；他不但極度注意日本軍力的擴大，並且曾經數度造訪日本；甚至在自己的論述文章中還曾經採用「SAMULAI（武士）」來做為自己的筆名。在一九〇四年二月於斯德哥爾摩所召開的詩人柳涅貝里的紀念集會中，他還曾經公開發表演說，預言日本將在這場戰爭之中獲勝；而且隨著帝俄的軍事敗北其國內的革命運動將更加蓬勃，最後將導致俄羅斯的君主體制崩潰；芬蘭自治的大道也將隨之而開。他當時還曾經在文章中清楚地表示：「日俄戰爭的結果將大大地影響芬蘭未來的命運」。因此我們可以清楚地發現，謝氏與明石的相遇並不是明石單方面的尋求，而是基於雙方面的需要所造成的一種必然。

而且謝氏也是在芬蘭的反抗運動陣營中，第一個瞭解到芬蘭的民族革命絕對不可脫離俄羅斯解放運動的人；因此早在一九〇二年開始，他便透過各種方式宣揚這個理念，向芬蘭的同志們強調與俄國反抗份子在實戰行動中合作的必要性。從一九〇三年末至一九〇四年初，謝里雅克斯幾乎訪遍了所有流亡歐洲的反帝俄重點人物。從社會主義者、無政府主義者到民族主義者都是他探訪的對象，當時他的心目中便有著建立與各地反抗運動者合作關係的藍圖。而其中謝氏寄予期望最大的便是俄國社會革命黨，到了一九〇四年年底雙方之間可說到了步調完全一致的地步。由此可見明石與謝氏的夥伴關係，是在雙方的自主性目標相同的前提下自然產生的，並非明石在情報活動中所促成的。

而另外一個一九〇五年革命的重點人物——列寧，早在日俄開戰之初他便主張和平與反戰，但是另一方面他卻又期待專制的俄羅斯戰敗。從列寧與明石會面的情形來看，我們確實可以看出列寧心中有著某種程度的矛盾；但列寧不愧是革命戰略的高手，在一九〇五年一月旅順陷落之後他便高唱：「旅順的投降是沙皇專制制度投降的前奏！」此外他還宣稱比較起專制而落後的俄羅斯政府統治，日本的民眾不但在政治上有相對的自由，文化上的進展也極為神速。換言之，列寧將這場戰爭解釋為「落後反動的部份歐洲」與「前衛先進的部份亞洲」的對抗。敵對的孟什維克派幹部馬爾托夫批評列寧這種想法是對「日本帝國主義扮演角色的理想化」，但是列寧本人卻辯稱這是「藉由日本布爾喬亞階級的力量來進行瓦解俄國專制統治的革命任務」。後來的歷史證明這場戰火確實為一九一七年的俄國革命埋下了伏筆。這場一九〇五年革命同時還震撼了歐洲其他的反動君主，他們開始害怕革命的熱情會傳染給整個歐洲；因此德皇威廉二世甚至向沙皇尼古拉二世施壓，要求沙皇採取緊急措施緩和革命、穩定秩序。在一九〇五年八月六日，內政部長布里根公佈關於召開國會的法令，但資產階級並不滿意這紙空文，各地暴動仍然繼續不斷；十月喀山到莫斯科間鐵路全線大罷工，接著並引起全國總罷工的風潮，沙皇政府採取血腥鎮壓失效；不得已終於在十月十七日發表了《十月宣言》，允許人民有言論、集會、結社及出版等自由，並答應擴大選舉權，成立具有立法權的新國會、組織新內閣。到此資產階級終於停手高呼「革命結束，秩序萬歲！」儘管列寧此刻提出強烈的警告：「敵人有意地退回新陣地，不久他們將會集結可信賴的軍隊，等待最好的攻擊時機再度出擊！」（出自〈革命的最初的勝利〉）後來果然證明《十月宣言》並未帶來真正的安定與秩序，儘管社會主義者仍然竭力煽動革命，十月並於聖彼得堡成立全國第一個蘇維埃政府；但是此時日俄戰火已然平息，俄國政府傾全力對內掃蕩革命派勢力，終於導致這場革命的失敗。

事實上，明石本身對於後來日本政府急於求和的態度亦有所不滿，這一點我們可以從他奉命離開歐洲時所做的兩首詩當中窺見一二。第一首詩的題名是〈記歐羅巴歸去〉；「長蛇未斬向家鄉，何堪故人搖折楊；征馬不前闇外路，萬山秋色惹愁長。」，另一首詩的題名則是〈議和〉：「昨夜冬營燭萬光，君王上殿氣揚揚；鐵鎚將下逸長蛇，壯士千秋從搏浪。」但是大局的決策畢竟不是明石這般的一介武夫所能干涉的；站在日本政府的立場來看，能夠如此順利地打贏這一場幾乎沒有勝算的仗，已經是謝天謝地的事。至於支援俄國革命的部份或是爭取更大的戰果，都是過分奢侈的念頭了。甚至在日俄雙方開始準備和談之際，日本政府便斷絕一切對歐洲革命份子的資金援助；這一點也可以明顯地看出日方的心意，援助俄國革命自始至終都是一種戰爭的手段。

但是站在明石的立場來看，將近五年派駐歐洲的歲月中，他不斷地與這些社會主義份子接觸、交往，建立起彼此間互信合作的關係；甚至可說是一種患難與共的夥伴，其中幾度與死亡擦肩而過的經驗。難道這些社會主義份子、反抗運動者的思想或理念對明石沒有一絲的影響嗎？從明石一連串的動作與後送的報告來看，我們相信他時時都警醒著自己身為一名日本情報員所應遵守的原則：即一切以戰爭求勝為前提，盡可能避免涉及到與俄國皇室直接有關的行為。但是在明石逐漸深入瞭解俄國革命的本質之後，他也清楚地感受到除非能直接對沙皇施加壓力，否則前方戰線的增援恐將難以停止。因此一九〇五年的冬宮砲擊事件事實上已經超越了明石本身所應該介入的範圍。此外在明石自己本身私藏版的著作《落花流水》中，也處處不經意地流露出對俄國革命份子的同情，甚至明白寫下「他們的行為是為了貫徹追求眾生幸福的理想……他們的理論可說極為完美」的評論；或許明石與謝里雅克斯兩個人之間的友情，正可以代表人性間的互動超越了所謂主義或意識型態的部份吧。

在日俄戰爭結束之後，十月二十八日，日本海海戰的大英雄——東鄉平八郎大將浩浩蕩蕩地率領著聯合艦隊返回了橫濱港，山本權兵衛海相與伊東祐亨軍令部長都親自蒞臨迎接。十二月二十八日滿洲軍司令官大山巖

東鄉平八郎大將在旗艦三笠號艦橋上，指揮對馬海戰的油畫

親自率領著兒玉、乃木、黑木諸位大將，返回東京晉見明治天皇，親自向天皇報告戰勝的好消息，整個東京可說是籠罩在一片歡欣鼓舞的氣氛當中。然而明石卻在同年的十二月二十八日，一個人孤伶伶地返回東京，既沒有盛大的歡迎典禮也沒有任何特殊的待遇。此時只有田中義一中佐（陸士八期，是明石前一任的歐洲情報工作員，日俄戰爭時擔任滿洲軍的作戰參謀）趕來新橋車站為他接風，另外還有明石同鄉的好友杉山茂丸也趕來為他洗塵。一九〇六年（明治三十九年）二月，明石再度接到赴任駐德國大使館武官的命令，害他連好好和家人享受一下團聚的機會都沒有。但是當時日德之間的緊張關係日益升高，參謀本部迫於局勢也只好決定再度利用明石的專長；但是當時明石在歐洲的名氣已不可同日而語，各國的間諜都早已認識這號大人物，使得明石的任務受到了重重的干擾；後來不得已明石只好在同年十二月受命再度返回日本，趕往金澤赴任步兵第七連隊隊長的新職。

位於福岡市中央區天神附近的勝立寺（原田種雄提供）

「明石累世之墓」，明石一族於勝立寺中的家墳（原田種雄提供）

第四章

朝鮮時代的明石憲兵司令官

邁向人生的第二高峰

「十年作客轉忘家，西水歐山孤劍斜；
路入台灣波影靜，春風初憶故園花。」

這是明石於一九〇六年底結束駐德大使館武官的任務之後，在返日途中路經台灣海峽之際，卻在船上收到久別妻子病故的噩耗，有感而發之下所寫出的詩句。返國後明石被任命到金澤擔任步兵第七連隊的連隊長，在百無聊賴的情況下，每每檢閱士兵們演習的時候，他總是千篇一律的評語：「不好不好！很差！」

在日本的後山度過陰鬱的梅雨季節，明石的心情也跟著陰沈了下來，心中充滿著英雄無用武之地的喟嘆，他有一首詩句恰好反映此時心中的那股無奈之情：

「家在松風籮月陲，任地詩酒與心違；
乾坤一擲曲肱睡，滿目青田梅雨時。」（明治四十年於金澤）

正當他無所事事心情不定之時，朝鮮的情勢卻開始發生了變化；於是明石便被寺內推薦到朝鮮去鎮暴，從此便展開了他長達八年的憲兵及警察首長的生涯。

日本對朝鮮的野心

十六世紀，豐臣秀吉就企圖侵略朝鮮半島，最後以病逝軍中結束他個人最後的野心；而明朝也因為援朝，導致加速覆亡的局面。

明治維新（一八六八年）以來，日本政府與朝鮮的外交觸礁，朝鮮堅持大清是它的宗主國。日本江戶幕府時代（十七～十九世紀）對馬藩宗氏的代表成為所謂的駐朝「大使」，甚至明治政府在給對馬藩宗氏的副件上用的還是「敕」字，朝鮮政府於是拒絕接受日本國的國書。當時日本國內以西鄉隆盛及副島種臣等人為首結成一股征韓派的勢力，主張以武力嚴懲朝鮮不敬的態度；但是卻被大久保利通、木戶孝允等人給壓制了下來，並迫使西鄉等人下野。一八七五年五月二十五日，日軍雲揚艦駛入釜山；第二天日本外務省少丞森山茂邀請韓國地方訓導玄昔運上船，名為陪同觀看日本海軍的演習，實則為向朝鮮示威。九月十九日雲揚艦又駛進江華島，要求朝鮮提供飲水被拒，並且又遭岸上朝軍以大砲驅離；二十日雲揚艦開始展開反擊，砲轟朝方的草芝砲台並搶灘登陸，兩天後日軍方揚長而去。

一八七六年二月，黑田清隆率領六艘軍艦兵臨仁川，迫使朝鮮簽下《日朝修好條規》（江華條約）；之後日本與朝鮮進一步接觸，條約上明確指出：「朝鮮國為自主之邦，與日本國保有平等之權利」；其真正的意涵即為朝鮮的外交不需再透過清帝國或向清帝國請示，而大清亦未曾表示任何抗議之辭。

《江華條約》簽訂之後，朝鮮內部分裂為親日的開化派（親清國，結日本，聯美國以對抗俄國）；以及反對開化的保守勢力，他們主要打的是「衛正斥邪」的旗幟，徹底反對開國及西洋文明入侵。

朝鮮李朝末代皇帝李熙於十七歲時即位（一八六三年），因年幼故暫由生父大院君攝政。大院君傾其全力只求鎖國，並極力迫害西洋傳教士及天主教徒（一八六六年）最後導致法、美兩國勢力以砲艦強迫朝鮮開國，這便是朝鮮史上著名的「洋擾」。一八七三年，閔妃藉口李熙已經長大足以親政，便趁機將自己的舅舅大院君給趕下台，內外大權從此一手總攬；同時她還聘請日本教官到朝鮮來訓練「別技軍」，引起國內保守派及軍人們的不滿。

但是朝鮮自開國之後，有八十%的出口米糧被銷往日本，導致朝鮮國內的米價暴漲。一八八二年士兵為反抗兵曹判書閔謙鎬扣發軍糧，七月二十三日糾眾叛變，京城的士兵們攻擊親日派的大臣住宅及日本公使館，並包圍景福宮；第二天還殺死了閔謙鎬及日本顧問崛本禮造。清帝國立刻將大院君押至天津「保護」起來，李鴻章又派袁世凱訓練朝鮮兵，並委派前清國海關官員、德國駐天津欽事穆麟德（P. G. von Möllendoff）為朝鮮海關稅務司兼外交顧問。

日本也向朝鮮要求五十五萬美元的賠款，另外還必須派遣使節團赴日道歉，並允許派駐日軍於使館內。而事後金玉均、朴孝泳等開化派人士力主仿效明治維新，挑選優秀青年留學日本，藉以改造朝鮮的軍隊及警政。一八八四年由於清法戰爭爆發之故，大清從朝鮮撤回了三個營的兵力；於是親日派便趁機於該年的十二月四日發動政變，叛軍不僅將大軍開進皇宮；同時還挾持朝鮮國王，殺死一部分的親華派官員，並宣佈朝鮮獨立。然而親日派人士的政變前後不過三天的好光景，旋即為袁世凱率兵迅速鎮壓，並救出為叛軍所挾持的李王，金玉均等首謀則於事後逃亡日本（甲申事變）。

日本後來派遣一支征伐部隊和特使井上馨一同前往朝鮮，要求李朝道歉賠款；同時伊藤博文也和大清官員李鴻章談判，其時李鴻章正陷於清法戰爭的泥沼之中，馬上便答應與日本妥協。一八八五年四月清日天津會議專條中規定：「清日兩國應於四個月內各自將軍隊撤離朝鮮；雙方同時建議朝鮮聘請第三國人士擔任軍隊教官，任何一方欲派兵前往朝鮮平亂之時需應先知會對方後方得行動；一俟亂平應立即撤兵，不得留防。」（天津條約）

此一協定事實上形同承認朝鮮成為清日兩國的共同保護國，然而袁世凱以「總理」名義仍舊駐紮於朝鮮；名義上為監督朝鮮內政，儼然成為朝鮮的「太上皇」。一八八五年四月，正值英、法爭霸阿富汗之際，俄艦卻趁機群聚海參崴；英艦亦不甘示弱，立即攻佔朝鮮巨文島，防止俄艦南下直趨香港。朝鮮要求英艦離開巨文島，孰料李鴻章卻認為：「英暫據此備俄，於朝鮮、清國皆無損。」清國外交官曾紀澤也向英國政府表示：「敝國亦無抗拒之意」，並在倫敦與其簽訂承認英國佔領巨文島的條約，片面地擅自出賣朝鮮的領土。

俄國見此也乘機攻佔元山港，要求清國總理各國事務衙門比照英國佔領巨文島之例，並透過穆麟德與朝鮮政府締結密約，準備大舉派遣艦隊駐守朝鮮各港口；朝鮮此時也正好想聯俄制華，日本知情後便急忙聯絡大清及英國，對朝鮮施壓要求取消密約。李鴻章此時又回過頭來採取聯俄制日的手段，他認為「朝雖可慮，有俄在旁，日斷不遽生心。我當一意聯絡俄人，使不侵佔韓地，則日亦必縮手。」

一八八六年阿富汗事件暫告緩和，英艦亦退出巨文島，俄國也暫時停止佔領朝鮮領土的要求。

一八九三年朝鮮爆發大飢荒，然而貪官污吏卻仍舊勒索壓榨不斷，最後終於激起民變。在一八九四年一月十五日，全羅道土豪全琫準糾集東學黨人興兵攻陷古阜，大開糧倉分米濟民，同時還燒毀佃農們的地契租約。他所高舉的政治綱領為濟世安民、逐滅倭夷、澄清堅道、驅兵入京、盡滅權貴。同年的三～四月間，東學黨的勢力即攻佔了全州；然而六月旋即為政府軍所擊潰，反抗農民到處流竄；清、日兩國亦同時出兵鎮壓東學黨。一八九四年七月二十二日，日軍突襲攻佔景福宮，推翻閔妃政權，並扶持大院君掌權。七月二十五日，日本公使大島圭介迫使大院君廢除一切朝、清雙方的締結條約；並授權日軍驅逐清軍，親日派的金宏集則成為軍國機務處會議總裁官，其實背後則由日本人杉村濬暗地操縱。

一八九四年七月，日清戰爭（甲午戰爭）爆發。一八九五年三月，東洋紙老虎大清帝國戰敗，大清權臣李鴻章只好來到日本的下關與伊藤博文簽訂《馬關條約》，將台灣、澎湖及遼東半島等割讓給日本，清國並承認朝鮮獨立；而全琫準也在一八九四年十月敗退，翌年三月被捕問斬。然而，日本對於清帝國雖然取得戰爭上的勝利，卻在國際上列強環伺的環境下不得不被迫妥協，將原本到手的遼東半島再雙手奉還。這便是史上有名的三國（俄德法）干涉還遼事件。此時朝鮮當權的閔妃見機不可失，亦趁機向俄方示好，引進俄國勢力藉以壓制國內親日派的力量；不久閔妃被金宏集為首之親日勢力所刺殺（乙未政變），金宏集自立為總理組織親日內閣；但對朝鮮覬覦已久的美俄兩國豈能坐視，於是乎這個親日內閣不久也隨著金宏集被暗殺而悄然落幕。

位於下關春帆樓前的日清講和紀念碑

隨後朝鮮政壇的動向便完全由俄羅斯所一手操控，不但重組親俄內閣，並由俄國公使威貝魯擔任內閣總顧問。甚至連李朝的皇帝和太子都被遷往俄國公使館內，其勢力由此可見一斑。由於日俄兩國在滿洲、朝鮮等地的競爭勢力持續發展，也因此為日後的日俄戰爭埋下了伏筆。

韓國統監府的成立

日俄開戰之後韓國政府的態度卻發生了一百八十度的大轉變。同年（一九〇四年）二月日韓兩國間締結第一次日韓協定，允許日軍自由地進出其境內從事軍事協防活動，並派駐韓國駐箚軍擔任其國內治安維持的任務。此外並於政府各主要機關（如財政、警政、軍部等）聘請日籍顧問協助處理事務。

到了明治三十八年（一九〇五年）年底日本取得對俄戰爭的勝利之後，日本立即要求韓國簽訂第二次日韓協定。在外來的強大壓力與朝中重臣（學部大臣李完用、農商工部大臣權重顯）的勸說下，李朝光武帝（李熙）也不得不在半推半就的情況下，簽下了這只形同去勢的賣國協約。其中明定以後所有韓國涉外事務完全由東京外務省指揮，並於韓國皇室下設置統監一名，其下設置總務、外務、農商工部及警務等部門；同時統監還擁有隨時任意晉謁皇帝的權利。第一任韓國統監則由前內閣總理伊藤博文出任，至此韓國納入日本的保護政治之下的體制已大致確立。

然而當時韓國的朝廷仍然一片混亂，儘管光武帝已在內外交相脅迫下簽下了喪權辱國的不平等條約；然而朝中的反日派人士仍然亟謀反撲，甚至連表示贊同簽約的大臣們也無法倖免於難。李完用的宅邸被暴徒縱火破壞，而李根澤也被刺重傷；失意的兩班階級（為朝鮮朝廷中的文武兩班官員，屬於特權階級）開始據地反叛，在各地

韓國統監府

揭起勤王抗日的風潮。於是伊藤便入宮晉見光武帝要求加強皇宮門禁的管制，並建議由警務部的日本警部顧問代替原有的警衛院來負責宮門的警戒工作。明定除了各大臣、中樞院正副議長、侍從武官長等重要人物之外，任何人不得自由進出皇宮，以徹底杜絕光武帝與外界謀反份子的接觸管道，其中當然也包括了希望在韓國問題上分得一杯羹的歐美列強。

明治三十八年（一九〇五年）十二月，日本天皇敕令於韓國漢城（時稱京城）設置統監府。翌年（一九〇六年）的二月一日統監府正式開設，並於漢城、仁川、釜山、元山、木浦、馬山、群山、平壤及城津等九個地點設置理事廳。伊藤就任統監之後首先注意到的便是財政上的嚴重積弊。韓國自「洋擾開國」以來可說是上下陷入一片混亂，朝中派系各擁其主孜孜營營於一己的利益；而民間則是盜賊蜂起、民生凋敝；從衛生、交通、教育到實業各方面都仍處於一團漆黑的狀況。要改善這些現況無論如何需要大筆的資金，然而當時韓國的年度租稅總額不過六百七十七萬元，要靠這些有限的財力來振興起敝無異於緣木求魚。於是伊藤便提出向日本興業銀行融資一千萬元的建議，並以韓國的關稅收入做為擔保，年利率六分五釐。取得資金之後伊藤第一項要做的工作便是地方行政制度的改革，同年五月成立了行政調查委員會研討適當的改革方案；九月統監府便發布了新官制及相關的法令，原有的十三道、一牧、三府及三百四十一郡在改制後成為十三道、十一府及三百三十三郡。同時對於各行政長官的專務權限、監督、任用與待遇方面都有詳細的規定，較之舊制有明顯的中央集權傾向。此外在司法上也收回原有行政長官兼掌司法權的封建陳習，在各道府的裁判所聘雇日籍的法務輔佐官，藉以建立獨立於行政之外的司法權。根據明治四十年（一九〇七年）的日韓警察共助協定規定，日本派駐各地的理事廳警察必須與韓國警察合作，具有共同維護治安的權利與義務。另外在開鑿道路、自來水道、開設醫院、學校及銀行方面伊藤也不遺餘力。

在伊藤擔任統監三年半的時期之中，最重要的事蹟是藉海牙密使事件逼迫光武帝退位，並且簽訂了第三次的日韓協定。明治四十年六月第二次的海牙國際和平會議在荷蘭召開，部分反日派的宮中重臣便慫恿光武帝藉機告洋狀，希望趁此機會脫離日本的勢力掌控。光武帝便派遣了三名密使取道西伯利亞鐵路進入歐洲。三人隨身帶著光武帝親筆的委任狀，首先拜訪的對象便是擔任會議主席俄籍的涅里多夫，儘管三人暢言恢復韓國的自主權將給俄國帶來如何如何的利益。但是對於剛在日俄戰爭中吃過一場敗仗的俄羅斯來說，涅里多夫並不敢做任何正面的答覆，只是不斷強調這並非他個人所能夠幫得上忙的事。一行人在吃過俄國的閉門羹之後卻不願放棄，轉而向英、美、法等國的出席代表陳情，希望列強能夠出面干預日本的侵韓行動。無奈各殖民列強到此已默認韓國為日本的勢力範圍，根本沒有人願意出面幫韓國說話。在百般無奈之下，他們只好尋求最後一線希望，直接拜訪主辦單位的荷蘭政府；希望能夠以一獨立國的代表身份出席會議，但是這個希望到此已沒有任何的實現的可能。最後這些密使只好放棄在和平會議中發言，轉而前往大西洋另一端的美國，透過各種媒體的管道哭訴日本政府的暴政與酷刑，雖說當時獲得部分人士的共鳴和同情；但是最終事實卻證明體質孱弱的李朝韓國，終究無法靠著訴諸外援而得到獨立與自主。

但是身居國內的宮中大臣與光武帝卻滿心相信這次一定能將日本人趕出韓國；因此透過某些美商的仲介收買外國人經營的雜誌，開始大肆在國內宣揚反日的言論。但當時由參政大臣朴齋純統領的議政府內部仍是一片烏煙瘴氣，內鬨的情形益發不可收拾。他們對外不但拒絕遵從統監府的指導，對內同時又受到國內親日的一進會人士激烈的彈劾，終於陷入不得不宣佈解散的命運（一九〇七年六月）。此時伊藤統監便要求將原有的議政府制度改變為日本的內閣制，並趁機向光武帝推薦拔擢李完用擔任首屆的內閣總理。李氏早已是人所皆知的親日派大老，在宮中也是諸多反日派官員的眼中釘，因此光武帝也不禁有些躊躇不定。最後光武帝鑑於對和平會議成效的深切期待，相信不久列強必將干預日本的進一步行動；因此終於答應由李完用來擔任總理大臣。但是他萬萬沒有想到的是後來李完用卻成為終結李朝天下的劊子手。後來海牙密使事件失敗的消息傳回國內，朝廷上下不禁一片譁然；而伊藤也不得不正式表態向光武帝追究這件事情的原委，甚至連外務大臣也親自前往韓國處理這件違反日韓協定的「陰謀」。在曠時費日的內閣會議親反日兩派攻訐爭執之下，終於由李完用為首的親日派取得上風，要求光武帝自行宣佈退位（八月三日），這便是史上有名的丁未政變。

此次的密使事件同時還導致了日韓間重新簽訂第三次的日韓協定（七月二十四日）。此次的協定更擴大了日本對韓國的控制力，條約中除了明定統監府及理事廳的官制修訂之外；更強迫韓國軍隊立即解散，警察權與司法權也完全委由日方處理，至此韓國可謂徹底地成為日本帝國主義的禁臠。然而此約簽訂後韓國國內民心卻發生了強烈的動搖，各地發生了許多大大小小的反日暴動。在此項條約簽訂之前的暴動多以兩班、儒生等特權階級為主（如前侍從武官閔泳煥、前議政大臣趙秉世等），他們為了維護李朝時代的既得利益，不斷在地方上煽動或指揮部屬發動反抗行動，其主要的目的則在於撕毀日韓間的條約。但是在第三次日韓條約簽訂之後，暴動的原因卻不再是原本的這些特權階級；其中有一個主要的原因便是被解散的軍隊成了無法謀生的殘兵游勇，因此他們只好結合鄉間的遊民；雖然表面上多打著恢復國權的旗幟，實則過著打家劫舍的日子，因此暴動的範圍與規模也遠超過原來的情況。伊藤統監在無法可想之下只得向寺內陸相求援，希望由陸軍借調優秀的將官前來韓國負責鎮暴的工作，此時寺內向伊藤推薦的第一人選正是明石。對明石來說或許是命運開的玩笑吧，原本在歐洲協助被統治人民反抗帝俄暴政的他，轉眼間卻主客易位成了鎮壓韓國人民抗日的頭號劊子手。

就任韓國駐箚憲兵隊隊長

剛接到寺內陸相的推薦時，明石本身對憲兵隊長這個新職確實有些猶豫；畢竟除掉現任金澤步兵連隊長的這段不到一年的時間以外，明石並沒有其他領導統率部隊的實際經驗。而且憲兵在軍部當中並不屬於正式的軍種系統，只是肩負軍事警察身份的特科軍種，因此與陸海軍的正統軍隊多少有些立場的不同與衝突。對於長久派駐海外與內部軍系要員漸行漸遠的明石來講，好不容易回到內地卻又旋即調派國外，而且又是非正統的憲兵科；在將來仕途的考量上實非理想的抉擇，明石身旁的好友多半抱持著勸阻的態度。

不過對於明石在歐俄後方縱橫斡旋的手腕，寺內的腦海中確實留下了深刻的印象。鎮壓朝鮮的大任除了明石之外，他幾乎不做第二人想，因此在一番懇談之後，明石終於答應了寺內的要求。但是他也希望寺內能夠為他挑選一名熟悉憲兵事務的副手，協助他處理相關的事務；而行事縝密的寺內其實早已考慮到這一點，名古屋憲兵隊長的山形閑中佐便是他心目中的最佳人選，而山形中佐後來在朝鮮確實也成為明石不可或缺的左右手。明治四十年（一九〇七年）十月四日，明石正式接受了第十四憲兵隊隊長的任命令並晉升為少將，風風光光地離開了霪雨綿綿的日本後山。

其實明石以少將的身份前往韓國擔任第十四憲兵隊的隊長一職，確實引起當時人們不小的臆測。因為當時日本國內的憲兵隊編制乃是以每一師團配編一個憲兵隊，在日本境內合計有十二支憲兵隊；而台灣雖然並沒有師團駐紮，卻也編列了第十三憲兵隊駐守；因此在韓國境內的這支憲兵隊便理所當然地成為第十四憲兵隊。但是一般說來憲兵隊隊長多以少佐至大佐官階者出任，其中唯有東京的憲兵司令部是由少將擔任司令官，因此明石少將調任第十四憲兵隊隊長的情形確實有些違背常理。後來果不其然在明石受命後的第六天（十月九日），第十四憲兵隊便改稱為「韓國駐箚憲兵隊」，人員編制也由原有的二百八十八人，一躍成為所有憲兵隊中最龐大的七百八十二人；名義上雖然仍隸屬於東京憲兵司令部的管轄，但實際上幾乎是一個百分之百自主行動的獨立單位，成為統監府統治上最得力的左右手。

回顧日帝朝鮮憲兵隊的歷史來看，最早是在明治二十九年（一八九六年）一月時依據臨時憲兵隊的編制令成立的。當時正值日清戰後三國干涉還遼之際，西瓜偎大邊的韓國立刻召集了親俄內閣，之前自立為總理的金宏集等人也在光天化日之下慘遭殺害。甚至連皇帝與皇太子也被遷進了俄國公使館內，當時官紀的紊亂可說到了極點，連官職都可以金錢買賣，官吏到處暴斂橫徵導致民不聊生。雖然韓國警務機關曾經由日本警視廳招聘顧問，試圖改革其積弊已久的警政，然而不多久卻藉故解除顧問徒留改革的空名。當時的警察不但不是保護人民的保姆，反而是放縱暴徒、壓榨人民的幫兇。於是日方便假借保護漢城到釜山之間的陸軍通訊機構為名，成立了最早的朝鮮憲兵隊，隸屬於電信提理的管轄底下。

這支憲兵隊不但負責保護沿線上日軍的通訊站，同時還協助維持附近的治安，由於紀律嚴明甚至較之韓國憲警更博得人民的支持。

明治三十年（一八九七年），朝鮮王國改名為大韓帝國。明治三十六年（一九〇三年）年十二月朝鮮憲兵隊也改名為韓國駐箚憲兵隊，脫離了電信提理的管轄，改隸於韓國駐箚軍司令官的轄下。當時日俄兩國之間的情勢已經十分緊張，因此韓國境內的軍事據點掌握也越發重要。所以日方強行設定了憲兵隊的服務細則，除了以往的軍用電信機構保護的職責之外，憲兵隊正式在韓國境內開始執行據點式的警察權。不久日俄雙方正式開戰，韓國憲兵隊的任務成了檢肅敵方的間諜並保護軍用通訊及鐵道的安全。

到了明治三十九年（一九〇六年）二月韓國統監府成立。根據同年八月天皇的敕令，憲兵隊除了執行原有軍事警察的任務之外，在統監的指揮下亦可同時執行行政、司法的警察職務。至此憲兵隊乃正式得以協助顧問警察、理事廳警察等維護韓國社會的治安。然而不久此一多頭馬車、疊床架屋的憲警制度卻遭到日本國內的輿論攻擊，因此除了必要的軍事要衝之外，有三分之一的憲兵分遣所陸續受到裁撤。到了同年底十月時改正憲兵條例公佈施行，韓國駐箚憲兵隊再度縮編為第十四憲兵隊。翌年（一九〇七年）二月日韓警察共助協定簽訂，明定憲兵的職責以適度協助韓國警察與理事廳警察為限。沒想到第三次日韓協定所掀起的軒然大波卻遠超過原有警力的掌控範圍，因此明石接掌憲兵隊正代表著憲兵再度成為鎮壓韓國人民暴動反抗的主要力量。

明石上任之後帶來的是憲兵人員的急速擴編，除了人數激增為近乎原來的三倍；並一共設置了六個分隊、四十六個分遣隊。從前由日本內地前來的憲兵新員必須先到漢城的司令部來報到，但是明石鑑於情況危急，遂命令所有的增員兵全部由釜山港直接趕往駐地。翌年（一九〇八年）三月，憲兵隊的編制已經增加到了二千名左右，由此可見當時韓國情勢的危急情況。連明石都不禁為之皺眉，他曾經向友人抱怨在人力財力都不足的情況之下，光靠憲兵實在難以處理這麼大規模的全境暴動。然而當時的陸軍才剛打完日俄戰爭，根本沒有多餘的財力來處理這種境外的暴動，最後明石只好想出了一個辦法——創設憲兵補助員制度。

召募憲兵補助員的主要目的，便是在韓國當地召集那些無業遊民，使之隸屬於憲兵的管轄之下，協助憲兵圍勦各地的暴動；如此不但可在短期間內增加鎮暴軍的人力，同時也減少了這些遊民轉為暴徒的可能性，對於日方來說的確是一個一石二鳥之計。伊藤在接受了明石這個憲兵補助員的提議案之後，馬上面呈韓國皇帝請求其採納此議，於一九〇八年六月十一日頒布韓國敕令第三十一號，當下即召募了三千多名的補助員。在憲兵補助員的應募資格方面，以年滿二十到四十五歲之間的男性為主，並且以將來派駐地點的當地人士優先；如此不但補助員毋須離鄉背井，而且其行為舉止也容易受到鄰里鄉親的監督；而正式服役前必須經過兩個月的武器使用訓練，並接受簡單的戰術教練、軍紀教育等等；服勤時由韓國政府提供三十年式的步槍做為武器，在階級上還區分為一般補助員與監督補助員的兩個層級。監督補助員即等同於憲兵的上等兵，而一般補助員則被視為等同一、二等兵，一個月的薪水大約八至十六元不等，如果通曉日本話還有額外的加給。這一批生力軍的加入使得憲兵隊的軍勢頓然壯盛起來。六月間召募所得的三千餘人依照全國三十九個管區的配置，共區分為二百一十二個分隊。同年八月更進一步擴編為四千三百名左右，管區維持三十九個但增加為四百五十三個分隊。到了一九〇九年一月時，憲兵隊的編制更增加為五十一個管區、四百七十一個分隊。回顧在一九〇八年八月之前警匪雙方的死傷人數：憲警方面死亡人數為日本人一百二十七名、韓國人五十二名，負傷者計有日本人二百五十二名、韓國人二十五名；而暴徒方面則高達一萬四千五百餘人，由此可見當時雙方衝突的慘烈情況。

後來憲兵隊的人員編制上，幾乎到了一名正式憲兵必須配屬三名補助員的地步。儘管這些補助員具有熟悉地緣、年輕力壯的特點，不過大部份的素質及品性並非十分理想，因此也難免將韓國傳統上的賄賂文化帶進了憲兵隊。這點也導致了日本憲兵隊形象上的傷害，所以在各地暴動的風潮漸次彌平之後，日方對於這批臨時增編的補助員也開始採取嚴格淘汰的措施。在新錄用的人員方面則進行嚴密的身家調查，甚至還從朝鮮本國的步兵隊中挑選役滿屆退的優秀士兵，獎勵其加入憲兵的行列。在訓練上除了對學科教育的加強之外，同時也實施普通警察執勤時所必需要的基本教育，到了大正初期整個朝鮮憲兵隊的風氣已經煥然一新。甚至有些憲兵在收到民眾的行賄時，居然會毫不隱瞞地向上呈報，對於長久以來受到中國紅包文化影響的韓國人來說，幾乎是不可思議的事情。

明治四十一年（一九〇八年）十二月，明石的本職轉任為韓國駐箚軍參謀長，不過他仍然兼任原職的憲兵隊隊長，明石至此已經同時掌握憲兵與陸軍兩大統治武器，成為日帝君臨韓國的黑臉大頭目。由當時憲匪衝突的次數紀錄來看，一九〇八年九月到一九〇九年八月間，雙方共計發生了七百八十次大大小小的衝突，勦滅或降伏的暴徒人數高達三萬四千四百名；而一九〇九年九月到一九一〇年八月日韓合併之前，衝突次數已劇降到二百一十次左右，降伏的暴徒人數也僅剩三千四百人，恰好等於前一年的十分之一；到了三年後年間的衝突次數甚至更降至個位數以下；可見明石所提出的此一憲兵補助員制度，確實在壓制韓國人的反抗運動上發揮了極大的功效。

明石與日韓合併

原本處於日俄兩強均勢抗衡的夾縫之間苟且偷生的韓國，在日本取得日俄戰爭的勝利之後，可說是已經無法避免成為日本俎上魚肉的命運。但是此時在日本國內對於韓國的處置問題卻有著種種不同的意見，有人認為應該儘速合邦成立一聯合帝國，挾日韓兩國之國力成為東洋的新霸主，並進而與歐美列強逐鹿於世界五大洲之上，其中以山縣有朋及寺內正毅等人為代表；但也有部份人士鑑於韓國當時政衰民疲的窘境，冒然合併唯有被其財政黑洞拖垮一途，而建議合邦之計應從長計議。正如中華民國在台灣的李登輝總統在一九九九年所提出的，所謂的一個中國是未來式而非現在式。只不過當時的日本在各方面國力都凌駕於韓國之上，係完全主動地掌控合邦問題的進程；而二十世紀末的中華民國卻只能被動地呼喊著無力的口號！當時的伊藤博文正是此一漸進式文化主義的代表，因此當韓國統監府設立之時，他願意以將屆七十歲的高齡遠赴異鄉擔任統監一職；藉由改善財政、改革官制及興業除弊等種種的手段來改造韓國，等到韓國在各方面逐漸現代化（日本化）之後再談合邦的問題。

事實上早在海牙密使事件發生之際，當時的國會議員小川平吉便已前來漢城拜訪當時的伊藤統監，希望敦促伊藤藉此機會完成兩國合併的大業。相信當時日本國內有不少人正垂涎著韓國市場的這塊大餅，希望藉由合邦及早進佔這片新天地，而小川只不過是其中的一個代表罷了。然而伊藤卻依舊固守著自己的理念不為所動，事實證明第三次日韓協定已然掀起全國性的暴動蜂起，倘若立時宣佈合邦的話，恐怕日本政府勢將付出更大的代價。對照於二十世紀末的台灣工商界，無時不刻鼓譟著兩岸三通的情形來看，頗令人覺得有似曾相似的莞爾之感。明治四十二年（一九〇九年）四月十日，當時的桂總理及小村外相終於按捺不住心頭的期盼，直闖靈南坂的官邸與伊藤暢談合邦問題。席上伊藤竟然未曾表達任何反對之意，並答應由外務省儘速草擬一份韓國處分案；但是伊藤本人在會面結束之後卻對某部下發過這樣的牢騷：「無論常陸山（相撲界的頂尖好手）再怎麼強，一次也對付不了五個十個梅之谷（階級較低的相撲選手）吧！」可見伊藤的心中實在無法贊同如此急就章式的韓國合併案，然而他卻也不得不屈服於周圍眾人的強大壓力之下。或許就是因為這個原因，伊藤在同年的六月間便辭去了統監一職，並由副統監曾禰接任統監之職。此後韓國內部以一進會的李容九、宋秉峻等人為主，在日本浪人杉山茂丸、內田良平等人的協助下掀起了一波波的合邦促進運動。日本內部的相關人士亦隨之推波助瀾，後來甚至連伊藤都不得不在其所主持的樞密院會議上宣稱對韓國進行最終處分的時機已然成熟。不過他本人並沒有機會親眼目睹日韓合邦的盛況，於一九〇九年十月二十六日的滿洲之行時，在哈爾濱被時年三十二歲的朝鮮青年安重根刺殺身亡。

在這場日韓合併的東洋最大盛事當中，明石本身的立場與亦師亦友的寺內毫無二致，他極力地支持日韓兩國早日合併，並且視之為千古難逢的偉大事業。因此站在憲兵隊隊長的立場，明石可說是毫不留情地打壓任何抗日反日的行動，然而在伊藤下台之後繼任的曾禰卻同樣是個反對急速合邦的統監；而且他也討厭那些跟明石往來密切的政治浪人，因此他乾脆將明石的職務改為專任的韓國駐箚軍參謀長（一九〇八年八月一日）。另外命令陸軍少將榊原昇造擔任憲兵隊隊長，希望稍緩一下日韓合邦的腳步。不料此一心思卻為韓國總理李完用所悉，於是李氏又趁機鼓動其所屬的國是遊說團大肆宣揚反合邦的言論，與民間的反合邦團體大韓協會一搭一唱高倡排日論調。狡猾的李完用甚至還直接派遣度支部大臣高永喜親赴東京，藉故與桂太郎總理會面，希望得知日本政府核心對於合邦問題真正的想法，以便採取對其本身最有利的行動。看來在國家危急之際到處都不乏此等「特首級」人物，這種情勢的演變使得曾禰統監極為難堪，終至積鬱成病不得不返回內地休養。而山縣及寺內等「急統派」更趁機要求桂太郎解除曾禰的統監職務，並立刻進行日韓合併的準備工作。

事實上在曾禰任內已經完成了司法權委任的工作。一九〇九年七月，他剛上任之際便承續了伊藤時代已大致協議完成的司法權委任案，並正式與李完用總理簽下協約。其主要內容有（一）在韓國的司法及獄政發展完備之前暫委託日本政府管理。（二）法院及監獄的官吏得任用符合資格的日本人及韓國人。（三）對於韓國人可適用韓國原有法律的特殊處罰規定（如笞刑）。（四）韓國的地方官吏在有關司法及獄政方面須接受在韓日本主管單位的指揮命令，並行輔佐之能。（五）有關的一切費用由日本政府負擔。因此在此項條約簽訂後，第三次日韓協定中尚未解決的部分僅剩下警察權的委託了。雖然在明石提出了憲兵補助員的提案之後，韓國駐劄憲兵隊已儼然成為韓國社會治安維護的主要力量，但是同時卻仍然存在著韓國的顧問警察以及統監府的理事廳警察；這三股憲警勢力彼此各擁其主，在行動上不但不容易發揮相輔相成的功效，甚至還往往發生爭功摩擦的意外，這一點是明石當時最為掛心的問題。因此在明治四十二年（一九〇九年）一月明石便寫了一封信函交給當時的寺內陸相，信中痛陳此一問題務須在合邦前及早解決，以免成為合邦之後的陳疴大患。

在日本政府方面，桂太郎總理在明治四十三年（一九一〇年）的第二十六屆帝國會議預算委員會上，再度針對政府的對韓方針發表演說。此時內閣已內定將由寺內陸相兼任韓國統監，並決定在寺內上任之後儘速促成兩國的合併。同年四月，明石恰好返國參加參謀長會議，然而會議結束之後卻仍滯留在內地直到六月中旬。當時韓國社會上早已謠傳隨著統監更迭，日韓合邦恐將再所難免。因此明石遲遲不歸的動作更被視為是為合邦做準備，果然在五月三十日敕令宣佈由寺內兼任下一任的統監，繼而在六月十五日明石再度復任原職——韓國駐劄憲兵隊司令官。此時明石最重要的任務便是要取得韓國警察權的委任，為日韓合併做最後的準備。因此六月二十日明石回到漢城之後，隔日便將有關警察權委任的案文遞交給總務長官石塚，並由石塚將照會文件等交付給代理總理大臣朴齊純；在二十三日的例行內閣會議上，此案卻遭到度支部大臣高永喜與學部大臣李容植兩人的強烈反對，彼等提出的反對理由有三點：

第一、在一九〇九年的司法權委任案係以兩國協約的形態成立，但此次警察權的委任卻僅以一份單純的外交文書處理，實有不甚妥當之處。

第二、一個國家的內政施行可說是以警察權做為一切的基礎，一旦連警察權都交付到日本政府之手的話，恐怕韓國的行政管理將陷入難以動彈的困境。

第三、連保衛韓國皇室最後尊嚴的皇宮警察，都必須接受統監府的指揮，這對於韓國來說已經是無可退讓的最後底限。

在瞭解了內閣諸位大臣的反對理由之後，石塚仍然不厭其煩地與彼等進行意見的溝通與疏導；並且保證寺內統監必將為此事做萬全的準備，必不致於危害到韓國行政上的方便。在石塚軟硬兼施的強力片面溝通之下，韓國內閣終於在二十四日晚上八點簽下了警察權委任的備忘錄。於是韓國政府在同年必須提供全年度的警察預算二百五十萬元給統監府。六月二十九日統監府便公布了新的警察官署官制，於漢城成立警務總監部，由憲兵司令官兼任其總長。明石於是便順理成章地成為首任的警務總長，各道則設置警務部，由該道的憲兵隊長充任警務部長。三十日更宣佈全面廢止韓國原有的警察官制，至此韓國境內的憲兵及警察終於完全納入同一首腦的管轄之下。

正因為朝鮮的憲兵與警察之間有這麼一段糾纏不清的發展歷史，因此朝鮮的憲兵不僅具有一般軍事警察的身份，同時還必須兼負普通行政警察的職務。從蒐集諜報、討伐暴徒到監督山林、觀測雨量都成了憲兵必須負擔的工作，因此原有的憲兵各級軍士官也就成為具有對等階級資格的警官或警員。雖然在此次憲警合一的制度改革之下，原有的憲兵分隊與新設立的警察署可說是完全納入一套命令管理系統之下，但是在其配屬的管區上卻還是有所區別。原來的憲兵則多半派駐於交通較為不便、人煙稀少、缺乏學校或醫療機關的偏遠地區，而舊有的警察則分派在各主要城鎮或都市。另外還新設警察巡查補一職，其主要功能與憲兵補助員大致相仿。在經歷警政如此大力的改革之後，原本聲名狼籍的韓國警察也逐漸步上了正軌；過去較有政經地位的人家多不願意讓子弟投入警察的行列，但是到了大正初年這種情況也可以說漸次有了改善。

明石在就任韓國憲警的最高首腦之後，為了迎接即將到來的日韓合邦大業，除了延續原有的鎮壓暴動方針之外，對於各種媒體的言論更是進行了嚴密的監控。稍有影響民心的過當言論出現輕則沒收、重則廢刊，甚至連記者們與外界往來的電報也一一檢查。在日韓合併的前一天，明石甚至查禁了漢城絕大多數的日文及韓文報紙，僅僅保留一家京城日報（日文）與每日新聞（韓文）。民間的集會、結社更是受到了嚴格的禁止，甚至連從事相關事務的公司也往往遭到查封的池魚之殃，一時之間可說是風聲鶴唳、草木皆兵。

明治四十三年（一九一〇年）七月二十三日，搭載著寺內新任統監的八雲軍艦終於緩緩地駛入了仁川港。韓國皇帝與太皇都派遣了特使到碼頭迎接，日韓的文武百官更是擺開了盛大的場面歡迎寺內的蒞任，京仁鐵路還為新統監安排了特別列車直駛統監府。不過令所有人奇怪的是寺內上任之後沒有任何誇示的動作或宣示，唯有二十五日到昌德、德壽兩宮（李王與李太皇的居處）進行到任的拜會之外，整個綠泉庭（統監官邸）呈現出一股「旌旗不動兵營靜」的詭異氣氛。過去新任統監的上任宴會總是窮極誇張奢侈之能事，鶯鶯燕燕、酒池肉林幾乎可說是漢城社交界的常態。然而寺內一上任便決定以身作則，宴會當天除了在會場擺上數十枝的冰柱做為消暑的裝飾之外，根本沒有其他豪華的裝飾；餐點本身也以歐式的派對茶點為主，不多久便結束了這場有史以來最樸素的上任宴會，寺內統監的這個動作，事實上也給漢城的官民帶來了一絲絲不好的預感。

同年八月五日，李完用總理的私人秘書李人植夜訪小松外務部長，其目的當然是代表總理探詢寺內統監此回上任的真正企圖。此時外界早已謠傳滿天飛，小松也毫不隱瞞地告知日韓合邦的計畫；於是在八月十六日李完用與農相趙重應便假借慰問關東水患災情之名直探統監官邸。寺內便趁機將合邦協約的備忘錄交給了李氏，希望彼等帶回與其他大臣商議，共同促進日韓兩國的順利合併。當天雙方要員的會面果然引起各媒體的嚴重關切，然而統監府及李總理對外一律堅稱是水患的慰問之行；再加上明石對於新聞自由的嚴密監控，日韓合併的腳步便在如此神不知鬼不覺的情況下不斷地進展。

事實上早在寺內上任統監之前，在韓國的軍備上便展開了迎接兩國合併的準備。原來派駐各地的步兵大隊與騎兵從五月底開始便陸續收到了移防的命令，而且這些軍隊的移動儘可能避開在日間的行動。有些假行軍之名、有些則冒稱清勦暴徒之名，一批又一批的士兵秘密地集結到漢城的龍山基地。原本只能容納一個步兵連隊的營房頓時間收容了十五個步兵連隊和一個工兵連隊；六月三十日以後無論晝夜禁止一切的實彈或空包彈射擊，平時的操練也限定出現在練兵場的人數；假日當然更限制僅有少數的士兵得以外出休假，憲警軍各方對於眼前即將來臨的合邦計劃可說是採取了最高度的戒備狀態，這背後操盤的當然是全力促進合併的明石少將。

李、趙兩人將寺內的備忘錄帶回去之後，旋即在八月十八日的例行內閣會議中提出；此次會議還特別選在李王所住的昌德宮舉行，宮內府大臣閔丙奭也參加了此次會議，在幾番商議之下大部份的大臣都決定接受這項合併的決議；然而學部大臣李容植自始至終堅持反合邦的立場，甚至威脅只要合邦唯有「君辱臣死」的下場。於是李完用便向寺內回報此次內閣會議的決定，兩方商議決定在二十二日下午一點召開御前會議，為日韓合邦進行最後的簽約大計。為了避免老臣李容植真的在會議中憤而求死，李完用故意派遣他代表韓國政府到日本去慰問關東水災的災情。不過李容植因病暫時拒絕了這項任務，而李完用也順水推舟地准許他請病假在家休養；因此二十二日下午的會議李連通知也沒有收到，韓國被併吞的命運便這麼在寺內統監與韓國全權委員李完用的簽約下決定了。然而這項決定韓國人民命運的一紙賣國契約，日本政府為了做好內政外交上各項必要的準備，一直到八月二十九日才正式對外界公開。九月中統監府進行朝鮮總督府的設立準備工作；九月三十日公布總督府的諸項官制條文；十月一日起朝鮮正式進入了總督府統治的時代，統治韓國達數百年的李朝終於畫上句點。

儘管日韓合併大業在明石與寺內兩人合作無間的情況下，終於兵不血刃地順利地完成了；而且朝鮮境內並沒有發生任何大型的暴動或反抗行動，甚至較之前兩次日韓協定時所引起的風波更小。然而流亡清國及俄羅斯各地的朝鮮人卻發起了激烈的抗議，並且發出電報向世界各國訴願，這些反抗份子後來成立了許多秘密組織，陸續策畫各種反抗、謀殺的行動（如安重根事件、寺內總督暗殺事件等）。不過在朝鮮境內明石也絲毫不敢放鬆，在宣佈日韓合併之後，為了避免反日份子轉入地下秘密結社；同年九月十三日明石召喚了所有民間政治社團的代表到警務總監部來，依照保安法的規定強制要求他們解散，甚至連當時鼓吹日韓合併最力的一進會也不得例外。此外諸如各種宗教團體、社交團體或實業團體等，只要稍有聚眾煽動的行為也無法逃避強制解散的命運。另外在出版物的取締上，明石在日韓合邦後的三年間，以妨害治安與破壞善良風俗的理由共計押收了數百件的出版物。在朝鮮總督府官制發布的同時，明石還特別在警務總監部中設立了高等警察課，專門負責取締人民集會與宗教聚眾等活動。

儘管明石在日俄戰爭與日韓合併中都有不凡的表現，但是這些並沒有為作風豪邁不拘的明石帶來任何的好處。反而使得不少朝中大老對他多加提防，連山縣有朋都曾經說過明石是個可怕的傢伙。雖然明石滿心忠誠為日本帝國效力，但是他辦事不賣人情的死硬作風卻也讓一班政客對他多加提防。例如在清國的孫文起義革命之際，明石曾經秘密地派遣人員進入北京、天津及滿洲等地蒐集情報，分析總結之後向當政者提出因應的報告。然而當時的西園寺內閣卻絲毫沒有回應，明石在鬱憤之餘只得畫下一幅諷刺的漫畫以為自娛，還提上「君向江邊取釣竿，吾隨巨海看波瀾」的打油詩暗諷西園寺總理。後來明石屢次因公務回東京，竟然被山本內閣視為別有用心的陰謀者，甚至還派遣密探尾隨跟蹤他。氣得明石乾脆到鐮倉拜訪禪友宗演大師，還留下「不問英雄埋骨處，木魚聲裡入山門」的詩句聊表寸心。明石或許再怎麼也沒有想到，他能夠逃脫得了俄羅斯間諜的跟蹤，卻無法逃離自己祖國政界這些爭權奪名的洶湧漩渦。

「三瓜子隧道」工程大約完成於大正七年至大正八年(1918-1919年)左右，為貫穿三貂嶺的鐵路隧道工程，現已廢棄封閉，位在基隆河河岸與侯三公路之間。

「至誠動天地」，明石元二郎所題字落款的匾額，置於「三瓜子隧道」遺址的隧道口上方。

第五章

中間時代與就任台灣總督

中間時代

大正三年（一九一四年）四月明石中將再度調職回到闊別已久的參謀本部，擔任參謀次長的職務。由於這一年恰逢第一次世界大戰爆發，八月日本亦正式向德國宣戰；因此明石得以再度發揮其在歐洲時代所累積的國際觀與運籌帷幄的長才，協助長谷川參謀總長取得日德戰爭的勝利。其中並曾實地前往大連方面進行戰況的考察，協助戰場物資調派的工作。當時的大島陸軍大臣曾對明石有過這麼一段評語：「日本能夠順利地攻佔青島，當然是第十八師團英勇奮戰的結果；但是內部卻有另外一個勝利的重要因素，那就是明石次長能夠適當地輔佐長谷川總長進行判斷與決策，這種情形就好比日韓合併時的明石憲兵司令與寺內總督的關係一樣。」此外他陸軍幼校時的同學山田中佐對他也有類似的評價：「一般的部屬大多需要上司的欣賞與提攜方有機會出人頭地，而明石則恰恰相反；他總是能夠適時地輔佐並支援上司，幫助其百尺竿頭更進一步。」

大正四年（一九一五年）十月，距離明石就任參謀次長不過短短一年半的時光，明石又接到轉任的命令，這次的新職是駐紮九州熊本的第六師團長。以其過去歷任駐歐情報官、朝鮮憲兵司令官及參謀次長的顯赫經歷，這次前往遠離政經中心的九州擔任基層部隊直屬長官；即使是忠君愛國的明石心中也不免有所不平，這點可以從他當時送給新任總理大臣的寺內正毅的一首詩中看得出來。

「綠水洗馬醫平生，蘇山風雨不勝情；
肥州面目纔留影，鞍馬空嘶銀杏城。」

儘管如此，天生流著日本軍人血液的明石，卻不曾因為自己對職務的好惡而稍有怠惰。畢竟對於明石來說，距離上一次在金澤實際統率部隊已有頗長的一段時間，各種演習操練及部隊大小事務難免生疏；因此一向用功好學的他來到第六師團的第一件事；便是全心投入部隊士兵訓練課程的瞭解，甚至連士兵們的基本操練動作也不放過；很快地明石對於這些基層部隊的事務便進入了狀況，無論是雨天或夜間的操練活動，他都會到場觀看並直言批評。

此外，在明石擔任第六師團長的這段期間，他投注最多心力的應該是後備軍人的訓練與整備。在日本欲發展為東洋第一軍事強國的前提之下，他認為訓練精良的後備軍人為不可欠缺的重要因素之一。為此他還曾多次出席熊本縣內的郡市長會議，大力提倡地方自治體應出資贊助後備軍人協會的種種活動；甚至還強迫推行第六師團轄區內的熊本、宮崎、鹿兒島及沖繩等四縣所屬的後備軍人，每個人都必須準備一套軍服以備戰時所需。他的看法是「……將來的戰爭勢必發展為長期的消耗戰及持久戰，到了物資缺乏的臨界點時，說不定連木棉之類的劣等布料都無法取得，因此平時便預先準備軍服有其必要性……」。當時鄰接的其他師團並不贊同此一強制性的軍服獎勵政策，但是天性擇善固執的明石卻絲毫不以為意。

明石堅持己見的個性也可以由當時的另外一件事情看得出來，其時擔任熊本市長的依田少將恰好是明石的同學，而且還是留學德國時的前輩，兩人之間可謂交情匪淺。有一次熊本市亟需一塊土地用來興建自來水的蓄水池，依田市長憑著兩人二十多年的交情，心想只要打聲招呼，向明石商借一小塊熊本城內（時為第六師團管轄）的土地應該不成問題，結果沒想到明石竟然斬釘截鐵地拒絕了。由於此一自來水工程對於熊本市民的生活極為重要，無法順利完成的話甚至連依田的市長寶座都將不保；因此依田便直接當面向明石懇求，甚至舉出大阪城的工程實例來佐證。然而明石卻認為熊本城自古即為天下的名城，並且在西南戰爭中為明治政府立下了不可磨滅的汗馬功勞，因此對在此一歷史重鎮中大興土木的計畫，明石期期以為不可。最後他還懇切地緊握著依田的雙手，懇求同學諒解其公私難以兩全的立場。明石終其一生都認為一個模稜兩可的承諾，將是陷人於不義的最大陷阱，而此一事件正是他性格最鮮明的寫照。

接受總督任命

「……目前我的立場確實有些曖昧不明，如果主動就升遷的問題提出關切的話，說不定會遭到有心人士的阻撓；反若提出有意辭退現職的話，或許讓某些人有機可趁也說不定，結果自己便只好一直陷於此種不進不退的窘境之中，靜靜地等待時機的到來。如果半年後的人事異動自己還無法晉升到總督左右的位階的話，我也準備告老還鄉，過著閒雲野鶴的悠哉日子了……」大正七年（一九一八年）二月左右，明石在一封寫給友人的書信中，如此地抒發著自己的心境；孰料後來事情的發展果真如明石所料，在同一年的六月六日，寺內總理果真派來了一紙台灣總督的任命令。

然而，當時的台灣總督一直有著這麼一條不成文的規定，陸海軍中輩分最長的大將且有爵位者方可出任。因此對於當時官拜中將且毫無爵位的明石來說，這一紙總督任命令可說是前所未有的破格拔擢。為了避免造成特例而形成明石日後不必要的困擾，於是大島陸相便於七月二日宣佈明石晉階為陸軍大將，同時晉升大將的還有松川敏胤、仁田原重行及本鄉房太郎等三人。在受階之後，明石於七月十六日便搭上了往下關的火車，邁向他這一生中最輝煌的終點站——台灣。

明石在接受了台灣總督的任命之後，除了接受來自各界的祝賀之外，他還親自探訪了兩位重要的朋友；其中一位是少年時的恩師金子堅太郎，另一位則是童年的摯友杉山茂丸，請求兩位好友給他一些上任後的施政建議。

明石在拜訪昔日恩師金子的時候，坦率地表明自己乃一介武夫，對於治民施政確實有所力不從心之處，懇求恩師不吝指導云云。金子見到這名往日的淘氣少年，今天居然成為堂堂的台灣總督，而且還不辭辛勞專程登門候教。當然知無不言、言無不盡。除了鼓勵明石相信自己的能力之外，同時提醒明石管理文官跟統帥武將其實根本上並無甚差異。重點在於相信各部屬的專業，使其得以有充分發揮的空間，如此一來短期內必然有顯著的成效出現。

好友杉山茂丸的一席話

杉山茂丸與明石乃同鄉的童年好友，值此明石就任台灣總督之際，兩人就台灣眼前的施政問題曾有一番精彩的對談，地點位於台灣銀行東京支店的二樓，以下即為杉山本人回憶當時對話情景的重點部份。

「……在我回答閣下的問題之前，我有一個問題必須先請教閣下，您此次前往台灣就任總督之職，究竟是以台灣新附之三百萬土著民族之事務為優先考量，還是以內地（日本）移民前往的十四萬人的事務為優先考慮？」杉山問道。

「我所擔任的既是台灣總督，兩方的事務豈有先後之別！」明石不假思索地回答著。

「我不是這個意思。我想請教的是對於這兩方面，究竟在輕重緩急之上，何者為先何者為後？」

「這個問題確實令我十分為難。身為總督自然應該對轄下所有人民一律平等，因此除了依照事務本身需求來判定輕重緩急之外，應該沒有更理想的辦法了！」

「如果是這樣的話，恕我無法回答您的問題。即使是在同一民族的日本國內，都沒有辦法實行所謂完全平等之政策。政治上也因此而產生了各種的弊端，從社會、工商業到軍事財政的各種層面來看，都已經到了不得不力求改革的地步。對於這種紊亂的財政與脫序的社會現況，如果還一味地宣稱以平等為施政的最高原則，這種主政者不過是平庸的政客。對於我日本政府來說，台灣三百萬新附之民等同於既聾又啞，由於彼此間語言的障礙，不但我們無法瞭解對方，對方也沒有辦法理解我們的想法。而且在長久以來的歷史傳統影響之下，台灣人對於生活上的利害關係極為敏銳；但是卻非常缺乏國家歸屬及效忠君主的觀念，因此如何將台灣人教化為帝國的子民可謂歷代總督的首要之務！

相反地，從內地移民到台灣的十三四萬人之中，有不少人經常蓄意毀謗台灣總督的施政，試圖妨害總督府的政策推行，甚至揑造一些空穴來風的謠言，來造成本島（台灣）及內地之間的誤解，藉以謀取個人的私利。如果閣下的首要目標是希望將台灣人教化為帝國子民的話，其最重要的前提便是要壓制這些興風作浪的內地移民之氣焰，甚至將之逐出台灣亦在所不惜……。

自從日清戰爭結束之後，明治天皇曾經昭示『台灣乃東洋和平之心臟』，其原因乃是為了貫徹『支那（中國）領土保全』的策略，其真正的目的是為了保衛日本本土的安全，這也是日本放棄遼東半島而取台灣的理由。

如果歐美列強提出比照機會均等主義，也要求如日本割遼東半島般割讓廣東、廣西、福建、江蘇及浙江等沿海各地的話，華南將成為世界第一的火藥庫。在列強激烈的軍備競爭之下，日本將無一日可安枕……因此我日本取台灣而捨遼東，並派遣一流統領軍政大權的總督君臨台灣，其目的即在強化澎湖群島的海上防備，使得列強無法越雷池一步；如此一來華南的國土便得以保全，而這一切的責任都在台灣身上，這也就是台灣之所以為東洋和平心臟的意義。而台灣總督總攬所有台灣島內一切建設、施政、法令的意義在於——當萬一發生戰爭的時候，台灣將成為距日本本土千里之遙的海上孤島，雙方完全無法取得絲毫的聯絡；因此台灣總督必須負起戰至最後一人，至少須堅守台灣一年半以上的時間，這也是為何台灣總督府的財政與內地完全割離，另外設立特別會計帳的目的，並且在政治上亦獨立採行第六十三號法令的緣故……。」

杉山的這些意見恰恰與二十年前川上操六次長曾經告誡明石的話如出一轍，因此給了明石極大的影響，此外杉山還提供了以下幾項在民政上應該注意的事項：

第一、盡可能地降低租稅。過重的賦稅將導致人民的反感，這一點無論以多少利民的德政亦無法彌補。

第二、盡可能地開闢新財源，建立總督府施政的自立財政基礎。

第三、在當地施行教育之前，應該徹底調查當地人民的固有風俗，取其長而捨其短，避免過於激烈的變化正是英國殖民政策成功的秘訣；一味地將本國教育強加於殖民地人民身上，徒然增加人心的反彈與不安。

第四、有鑑於世界之大勢所趨，應漸次承認當地人民應有之人權。

固然杉山當時這一席話，主要仍是站在謀求日本帝國主義發展殖民地的立場所發之言；然而時至今日卻仍然令人心有所感，過去數十年間，每當台海危機升高之際，我們都會發現台灣社會如潮起潮退一般，總會興起一波波的海外移民潮，當日本人站在殖民地母國的立場，都願意為台灣戰至最後一兵一卒，以死守台灣為職志之時，台灣人這種無祖國的走路性格，經過這百年來的風霜，我們到底學到了什麼？

自覺地發展——首先自行精確地調查

明石一向給人的印象是只做不說的內斂性格，即使是接受了台灣總督這般的重任，也很少主動對外發表就任總督的感想或抱負等等；不過當時明石曾經應《台灣日日新聞》的邀稿，以本身的名義在該報上發表了一篇名為〈自覺地發展——首先必須自行精確地調查〉的文章，其中詳述了這位新總督的施政用心及抱負，這同時也是明石任內唯一一篇在媒體上公開發表的文章。

「自從我就任總督以來，常常聽到南進或聯絡南方之類的名詞。雖然台灣跟南洋的關係目前還比不上內地，但是若能增進彼此間經貿往來的活動，將我國所生產的貨品運送到南洋，並從彼方獲取我國所需之物資；如此不但能提昇彼此間的貿易量，同時亦可協助當地之我國僑民事業更進一步地發展。

然而，盱衡當前世界的局勢來說，我國需要進一步拓展國際貿易關係的地區並不僅限於南洋一帶，無論是中國、關島或南美洲都同樣需要進一步的接觸。由於我台灣在地理上較為接近南洋，因此所謂南進之說才會如此盛行。但身為一國的國民對於有益國力發展之事，原本即不可片刻或忘，所以並不需要在此刻意地大肆渲染或蓄意張揚某種理論。

現在『國力的發展』似乎已經變成了一種時髦的流行用語，說話的人往往並不清楚這句話的真正意義；更遑論針對相關事物做深入的瞭解與分析，只不過是人云亦云地跟隨著一時的潮流。在此我懇切地希望大家能夠避免這種不好的風氣，無論在進行任何的計畫之前，務必從各方面儘量蒐集充分的資料，並進行實地精密的調查，然後再以此為基礎擬定各種具體可行的方案。換言之，必須先去除自己過去因循苟且的習性，避免抄襲他人過去的經驗，於心中建構屬於自己的藍圖。最重要的是在極為明確的自覺之上，對準目標積極徹底地執行自己胸中的鴻圖大計。倘若凡事皆必須時時揣摩上意，或是跟隨官方的指示方針才敢下手進行的話，徒然顯現出自己興業的決心與氣魄不足，最終難免落得自取其辱的下場，更稱不上足以擔當一國國力發展之大任棟材。

我們可以用德國與英國的例子來做比較：相信大家都非常清楚德、英兩國目前產業高度發達的情形，難道彼等的企業家都是一一等到政府的命令或指示才進行事業的推動嗎？其實不然！我國的民間實業家應該以彼等的精神為借鏡，學習他們凡事必定自己力行調查、自立經營的強烈決心，這一點的自覺是最重要的。

目前台灣的財政每年可動用之經費總額不過五千多萬元，顯然不可能針對所有民間的需求一一進行補助。但只要業界確實以自覺、自信的決心來進行事業的推行；如果彼等事業確實對我有經濟上必然的重要性，縱使是千百分之一，或是以非金錢的方式，當局都會設法對其進行盡可能的補助措施。

總而言之，無端空論的時代已經過去了！只是一味地大聲強調發展島內企業的重要性，卻絲毫不考慮原料的來源、資金的投注、電力的供應以及船舶運輸的配合等諸多條件，這種不著邊際的經濟聯絡論點已經到了歷史的末路。唯有避免對他人的依賴、掃除抄襲的惡風，建立起明確自力發展的自覺，願意承擔所發生的一切，這才是真正國力發展的根源所在，這也才是真正萬民所殷切企盼之事！」

在這篇不算長的就任感言之中，我們可以看出明石對於台灣的建設已有一番成竹在胸，相較於其前任的安東（貞美）總督無可奈何的上任，明石上任後大刀闊斧地改革興業，在此已可稍見端倪。

當時台灣各界對於那位日俄戰爭中大名鼎鼎的明石大佐即將前來就任總督，無不充滿著一種既期待又怕受傷害的心情，然而確實有不少人抱持著兒玉・後藤時代的總督府又要復活的期待。以下便節錄一段當時擔任鹽水港製糖會社監事的政友會

早期的台灣總督府

議員岩崎十郎接受《台灣新聞》報紙採訪的談話，該篇亦為是年六月七日的社論。

「明石將是繼兒玉伯爵（源太郎）之後的另一位傑出總督，在日俄戰爭時他即顯露了運籌帷幄的長才，將俄羅斯攪到天翻地覆的局面。在目前的帝國陸軍來說與田中（義一）中將並列為數一數二的人才，雖然有人謠傳他是寺內直系的人馬，但是在政友會系的內閣時期，他的表現仍舊是可圈可點無可詬病；尤其當他在擔任朝鮮警務總長時回到東京出差，當時那種巧妙地操控各派議員的手腕，簡直可以媲美一流的政治家。他被認為是將來陸軍大臣的不二人選，不僅僅是陸軍內部對他頗有期待，即使在政界明石將軍也是頗孚人望，相信這一次他前來就任台灣總督必然會立下不小的功績。只不過總督府裡的大官們恐怕會有一段苦日子要過了，以往的總督似乎給人一種觀賞花瓶的感覺，但是這一次絕對是大大地不同。」

大正七年（一九一八年）七月十六日上午，明石在舊藩主黑田侯、上原參謀總長等六百多名親友的熱情送別下，在東京車站搭上了前往下關的火車，途中還繞道伊勢神宮及京都桃山御陵參拜，於七月十八日才由神戶搭乘信濃丸前往台灣；七月二十二日上午六點新總督所搭乘的信濃丸終於緩緩地駛進了台灣東北端的基隆港，在基隆重砲兵一中隊的「出海去吧」的奏樂聲與禮炮聲中，明石元二郎終於以總督的身分踏上了這塊他睽違了二十多年的島嶼——台灣。

台灣總督府紋章

第六章

明石總督對台灣社會經濟的基層建設

台灣在納入日帝版圖之後，由於日帝從未有過任何統治殖民地的經驗，在嘗試錯誤之中使得台灣的官制歷經了許多次的變動。在日清簽訂馬關條約之後，台灣便在戒嚴令之下施行了為期八個月的軍政統治；直到一八九六年三月才訂定「總督府條例」，將台灣納入拓殖務省管轄之下；其後又屢次將台灣編入內務省所管、或設置拓殖局直接管轄等等，到了明石就任總督之時台灣又恢復了拓殖局官制，直接受到內閣總理大臣的管理。

依據當時的總督府條例規定：台灣總督府為統治台灣的最高機構，總督須由陸海軍之大將或中將擔任，接受內閣總理大臣的監督；於委任的範圍內統帥駐紮台灣的陸海軍，並掌理所有相關的政務；負責其管轄區域內之防衛工作，在維護島內安寧及秩序的前提之下可自由行使兵力；除此之外台灣因其位居軍事要衝之故，在財政上還成立了特別會計制度由日本國內的財政上獨立出來；由此可見台灣簡直是日本統治下的一個形同獨立特別行政區。

日月潭水力發電的肇始

日月潭水力發電事業的實現可說是明石總督任內最大的目標之一，而台灣電力株式會社的成立毫無疑問地更是明石折衝奔走下的結果。

回顧台灣的電力發展歷史來看，早在清國劉銘傳擔任台灣巡撫的時代，便已在台北東門設立「興市公司」。他曾經延攬丹麥的電氣技師來台裝置小型的發電機，在新行轅及各處重要街道安裝了電燈；可是經過了幾個月的試用期之後發現費用太高，於是只留下行轅的幾盞用燈之外其餘一概停用。

而發電事業在日本發展的情況為東京電燈株式會社於一八九三年成立，一九〇〇年在日本的各主要都市都已經可以見到電力設備；隨著日帝領台之後日人來台漸多，民間對於電力設施的需求量也大增。然而從總督府的角度來看，發展電力除了有順應民情所需的目的之外；另外還有一個更為重要的理由，那就是協助其政權介入既有的經濟體系；事實上這也是一個外來政權在統治一片新的領土時，是否能成功最重要的一個前提。

以當時台灣的米糖經濟為例，日資一直難以進入米市或控制米市的流通。然而在糖業方面，由於日方新式製糖工廠的效率遠超過舊式糖廍，因此日資很容易便操控了整個製糖業；在日本離開台灣之前整個糖業幾乎已成為日資的天下，這正是典型以新興事務或技術擊敗舊有勢力的例子。而發電事業對當時的台灣來說更是一個全新的科技工業，更是日本殖民者引導工業發展的有力工具。因此總督府方面一直盼望能將電力發展事業置於官營的架構之下，然而總督府所面臨的各種問題實在太多；同時開發電力所費不貲，對於一九〇五年才脫離財政赤字的總督府來說，實在沒有太多的餘力能夠充分滿足當時民間對於電力的需求。恰好於一九一一年八月二十六日及三十一日分別各有一強烈颱風分襲台灣南北兩地，造成台北市街房屋倒塌破損達二萬八千棟，死者多達五百人以上；同時發電事業亦受到相當大的危害。台北、基隆兩地的市街陷入一片黑暗世界之中，所有仰賴電力之工業亦全數停擺；台北市的自來水供應亦被迫停止，一時之間市民們的生活呈現一種無以名狀的悲慘情形。後來只好遠從金瓜石的牡丹坑金山（今金山里）來供給電力應急。然而九月間的連續颱風豪雨造成北部的龜山發電所（位於今新店溪畔河床，翡翠水庫指標前不遠，據說為台灣第一棟鋼筋水泥建築物）水路遭土石流掩埋，發生停電長達一個多月的意外事件。這些事故的發生也促成台灣的發電事業就此進入了民營化的時代，同年總督府終於點頭特許部份地區成立私營的電氣會社。因此在一九一一年至一九二四年間，全島從南到北合計共核准了十六家民營電氣會社的成立。

電力對於人民的生活來說可比鴉片般極為容易上癮，人民用電的需求遠遠超過發電所建設的速度。同時為配合建設高雄港成為前進南洋根據地之自由港，因此總督府終於下定決心要開拓足以供應全島的大型發電廠；於一九一六年由總督府高級技師山形要助負責策畫全島的水力調查計畫，對台灣各地水利豐沛之處進行實地的勘查作業，結果卻意外地得到了兩份計畫報告：其一即為國弘長重技師所提出的日月潭水力發電計畫；其二則是八田與一技師所提出的嘉南大圳（官田溪）水利事業；事實上嘉南大圳並不能算是一個水力發電的計畫，而應該算是水力發電計畫的副產品。

山形技師所提出的日月潭水力發電計畫中，預定將濁水溪上游的溪水由姊妹原（今曲冰）取水口畫出三條導水隧道、明渠及暗渠（合計達十九．八公里），將其導入南投廳下面積約五千四百萬平方尺的封閉湖泊——日月潭。第一期發電所之落差高達一千八十五尺（約三百四十公尺），依每秒平均九百立方尺的放流量計算，約可提供最大電量為十四萬馬力；若電力不足時可另外進行第二期工程，可再增加約五、六萬馬力；同時這些電力可藉由長程的輸送纜線直接傳輸到台北、高雄等地，因應全島各地居民及業界之用電所需。每一千瓦／小時電力消費所需的費用大約在五厘～一錢之間，如果能夠將這些充足而廉價的電力供應給工業生產所需的話，此後台灣所生產的精製工業產品不但可外銷南洋，更可以回銷日本內地。而此一計畫的優點是水利權取得所涉及需要補償的範圍極小，所需的總工程費用估計約為四千八百萬元，施工期限需時約五年。

二戰末期美軍飛機所拍攝的日月潭發電廠

此項計畫於一九一七年的秋天由總督府正式向寺內內閣提出，然而其時恰逢日本國內西伯利亞出兵論方興未艾之際，結果為中央政府的公債發行政策摒除在外，此一發電計

二戰末期美軍飛機所拍攝的日月潭空照圖

畫不得不順延。當時由於正值第一次世界大戰耗戰方酣之際，台灣也受到了戰時物資需求高漲的影響；許多新興的工業對於電力的需求可說只增不減，各界的企業家也頻頻向總督府求援，希望能夠儘快提供便宜的電力來源；而中央政府針對此一民間的聲音，也表示如果能夠提早完成日月潭的水力發電廠的話，願意接受將整個計畫委託民間開發之意。總督府在瞭解中央的意向之後，也開始針對民營案的可能性進行專案調查，結果發現以營利為首要目的的民營發電企業計畫，與原本建設日月潭發電廠欲提供各界便宜的工業用電的前提大相逕庭，結果只得宣告放棄民營案。

後來明石上任之後，覺得山形所提出的發電興業計畫深得其心；他認為此一東洋第一大規模的水力發電計畫，無論對於台灣或日本都有其必要性。因此無論如何都必須克服困難設法完成，因此在其短短不到一年半的任期之中，連續兩次往返內地出差，便是為了促成日月潭水力發電及台灣電力株式會社成立的事宜。

台電的前身——台灣電力株式會社的由來

關於引水日月潭此一東洋第一大規模水力發電計畫，雖然在國弘技師披荊斬棘、費盡苦心地實地詳細探勘之下展現了雛形；同時也獲得了上司山形技師以及總督府方面的認可；然而對於這種前所未有的大規模工程，仍然有不少人抱持著懷疑的態度；問題之一為從上游所導入之濁水溪混濁的泥水，是否能夠安裝有效的泥沙沈澱裝置，以避免不必要的機械故障；問題之二則為築設堰堤之後湖泊水面將升高二五．八公尺，一旦遭遇豪雨或洪水導致決堤的話，恐將造成附近村落難以計數的生命財產損失。

因此於一九一八年九月，內務省特派遣技監原田貞介針對日月潭暨官田溪之埤圳計畫，重新進行實地的勘察行動；在其回報水野內務大臣的報告中，表達了「大致上說來此一計畫並無特別不當之處」的結論。此外針對地層及地質的調查方面，地質界的權威學家神保小虎博士亦於同年的十二月至翌年的一月之間，進行了詳細的實地探勘；其所得出的最後結論如下：「日月潭之水力發電工程在地質方面並無特別需要擔心之處；此外關於官田溪的埤圳工程方面，雖然蓄水池的深度會隨著沿岸的土沙崩落而逐漸減少，除此之外並無其他值得顧慮之處。」

在得到了學界這般有力的支持證據之後，更加堅定了明石完成此一水力發電事業的決心。當時他急切地盼望此一開發案能在大正八年通過預算審查，因此在經過更加周延詳細的計算之後，總督府再度向中央提出了日月潭發電廠的公營案預算申請；然而日本國內此後五年的公債償還壓力仍然沈重，所以採取公營仍有其資金方面的難處，在不得已的情況下此案只得再度順延。明石在上任後第一次返回東京即是為了促成此案的通過，在幾番奔走之後卻仍舊無法使公營案順利通過；因此於十月二十七日，在中澀谷的自宅與總督府的下村民政長官、角土木局長、末松財務局長等重要幹部會商之後，終於決定放棄原有理想中的公營模式，決定朝半官半民的經營方針來推進。

回台之後，翌年的一月二十八日，明石便針對此一公民合營案舉行了官邸會議。這項方案的主旨即為由總督府及民間共同出資，設立一資本額三千萬元之大型電氣株式會社，然後由該會社出面統籌一切日月潭水力發電廠之建設工作。而總督府方面則將現有散佈於台灣各地公營之電氣設施（總督府作業所所管）全數提出，做為官方出資的部份，經過估算作業所所管轄之設備資產合計約一千兩百萬元；另外不足者則由民間公開籌募股金。

由於此一計畫醞釀已久，屆此最後階段推行的進度可謂相當順利，不但議會方面順利通過，總督府亦於四月初頒佈第一號律令《台灣電力株式會社令》，其中明文規定：台灣電力株式會社除了經營電力的供給事業之外，也可經營總督認可之事業（如瓦斯及木材防腐等）。會社之總資本額為三千萬元，其中一千二百萬元是由總督府原已建設完成之發電所折價投資台電。會社經營的年限為一百年，但總督府有權加以延長，社長及副社長之任期同為五年，兩者皆由總督任命；電力供應收費標準須經總督認可，全般社務由總督設置台灣電力株式會社監理官加以監督。此外，若會社之決議或董監事之行為有違反法令、命令或會社章程，或是有危害公益的可能時，總督有權取消其決議或免除董監事之職務。由此可見台電雖然為一半官半民之企業經營體，然而最後的生殺大權仍舊是操縱在總督府手中。

會社令發布之後，明石便為了會社成立事宜再度返回東京。五月九日明石任命了民政長官法學博士下村宏為會社設立委員長，總督府中央研究所所長醫學博士高木友枝等十二名為官方設立委員。五月十四日下村宏在長官官邸招待台灣方面的民間委員，五月二十日明石則假東京帝國大飯店招待日本方面的民間委員；五月二十四日委託任命池田謙三等七十八名為民間委員，其中絕大多數為日本人，僅有少數的台灣人參與其中，如陳中和、林熊徵、顏雲年、簡阿牛、郭春秧及辜顯榮等皆是。

明石在東京招待日本地區民間委員時，曾就台灣電力成立的使命發表演說，其重點摘要如下：

（一）會社創立的目的是以興建日月潭水力發電廠為其端緒，漸次發展業務之後，進而經營台灣全島水力發電供給之事業；再進一步拓展南支南洋的行銷路線，供給各種製造業充沛的廉價動力，達成振興國產事業之使命。

（二）此項大規模的重點事業原本企盼由官方資金來獨立經營，無奈國家財政上的壓力無能遂行；因而此次推行公民合營案的前提，仍然希望本企業組織與經營方

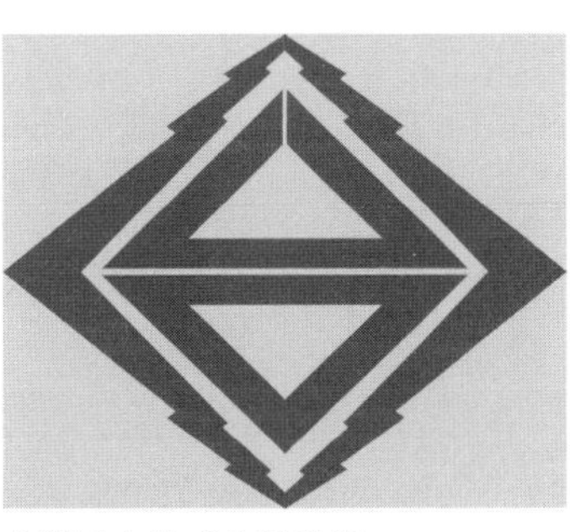

台灣電力株式會社社旗

向切勿脫離原先公營案的理想。

（三）在公開募股的部份，由於統治政策上的需要，對於台灣人及居留台灣之日本人認股方面，即使所認購之股數極少仍然須盡力配合。

事實上，當時建設如此大規模的水力發電廠，在明石的心中除了滿足民生用電的快速成長之外；還有另外一項更重要的原因，直來直往的明石在東京大飯店的演說中，開門見山地便將這一點提了出來，也就是「進一步拓展南支南洋的行銷路線，供給各種製造業充沛的廉價動力」。對明石有知遇之恩的川上操六參謀次長以及好友杉山茂丸都曾經提醒過他，台灣乃東洋和平的心臟；因此軍人出身的明石所考慮的台灣經營策略，便是極力建構台灣的經濟實力，積極發展台灣與南支南洋的往來關係，使台灣成為日本帝國前進南方的基地。雖然這一點一直到太平洋戰爭爆發之後，日本中央政府才迫於戰局不得已積極地投入；然而此時的明石在缺乏中央政府後援的情況下，仍然勉力地踏出了台灣工業化的第一步。

當時為了與華南南洋建立起友好的關係，明石不但積極地與該地的日裔、台裔富商往來，甚至連當時雄據雲南的軍閥唐繼堯的胞弟——唐繼虞都曾經成為他的座上賓。

大正七年（一九一八年）時台灣的對外貿易狀況如下：輸出總額為一億三千七百萬元，其中七十五%為糖、米、茶等農產品；輸入總額則為八千八百萬元，其中肥料金額高達一千萬元居第一位，其他的主要輸入項目還有棉布、鐵材、鴉片、火藥、木材、石油、紙、水泥及日本米等等。因此有一位旅居法屬中南半島的日裔實業家橫山正修便向明石提出了在高雄設立氮肥工廠的建議，但必須配合日月潭水力發電廠所提供的廉價電力方可成立；如此一來不但每年可為台灣節省大筆的外匯，更可以提供外銷市場的需要。

同年五月十九日，於總督府土木局庶務課內開設會社事務所開始辦公；二十一日由總督任命中央研究所所長高木為社長，土木局長角為副社

台灣電力株式會社

長；明石則於五月二十七日返台，六月十日起開放公開募股四天，開放民間一般認購的部份合計有十五萬股，原本總督府還擔心是否會有滯銷的情況發生；沒想到申請認購的股數遠遠超過供應的數目，就連申購權都馬上產生了數倍以上的黑市價格，甚至明石本人都曾經向高木社長表示：「若有人說是我的親戚還是好友，希望能夠插隊認購台電股票的話，請你一定要不客氣地加以拒絕。」

一九一九年七月三十一日下午兩點，台灣電力株式會社正式於台北鐵道飯店召開會社成立大會，同時也掀開了台灣電力史上新霸權時代的序幕。

台北鐵道飯店

明石歿後日月潭工事的命運

一九一九年八月，台灣電力株式會社正式成立，同時日月潭發電廠的工程也正式展開；首先建設的是供應工程所需電力來源的北山坑發電所，以及往來於二水與門牌潭之間的材料運送鐵道，同時這也是台灣最早的電車路線。工程進行雖然處於一片渺無人煙的叢山峻嶺之中，工程進行還算順利；一九二一年北山坑發電所及二水、外車埕間鐵道完成；然而到了同年年底由於受到第一次世界大戰戰後經濟恐慌的影響，工程資金的籌募開始發生困難。

當初日月潭工程計畫預算為四千八百萬元，由總督府土木局所編成；但隨著戰後物價、工資的高漲，工程費用一再追加達六千四百萬元之譜。一九二一年雖然會社對外募集了一千五百萬元的公司債；然而受到工程計畫變更的影響，一九二一年底預估工程費用可能高達七千八百萬元。雖然極力精簡核算之後，一九二二年所提出之預算仍高達七千三百二十五萬元；盱衡當時戰後經濟變動的情況，如此高額的公司債非常可能危及會社本身的生存，因此再不得已的情況之下總督府只好下令工事延緩；一九二二年（大正十一年）八月，高木社長終於發表了工事暫緩聲明書。

儘管當時的金融界一片慘澹之聲，然而日月潭開發計畫至今已投入了鉅額的資金，沒有放棄的道理。一九二三年（大正十二年）二月，日本興業銀行終於答應借予低利貸款五百萬元，幫助工程繼續進行；無奈同年九月一日發生史上著名的關東大地震，日本國內估計損失達五十億元；金融界再度陷入一片混亂之中，此一資金融通案也不得已被迫中止，會社方面於同年十二月一日再度宣佈工程延後聲明。

工程暫停之後，會社內部只得縮小組織編制以節省開銷，但是社會上仍舊一片「求電若渴」之聲；因此身負「供應全島電力」重大期許的台灣電力株式會社只好積極另闢電源，其間完成了彰化火力發電所、基隆火力發電所及高雄第二火力發電所等應急設施。直到一九二六年（昭和元年）十二月，上山滿之進總督終於斷然議決日月潭發電工程無限期中止，已完工的二水、外車埕間鐵道由總督府收購，會社所得資金則轉投資建設火力發電廠以供民生所需。

一九二七年，美國水力發電工程界的權威Stone and Webster公司同意派遣技術人員來台對日月潭工程重新做整體的評估。一九二八年三月建設部副部長Patten及兩名技術人員來台，四月二十日即向台灣電力提出評估報告，報告中指出只要將原先設計做部份的變更，工程費用可大幅地縮減。川村竹治總督在上任後，詳細聽取了有關日月潭發電工程的施工經過、現況以及台灣電力當時的營業狀況之後，當下做出日月潭發電工程必須再興的決定；並於一九二九年（昭和四年）向帝國議會提出工程再興案，案中明白提議由政府保障商借外債使工程得以復工。

此項提案由於茲事體大，雖然獲得眾議院的議決通過，卻在貴族院引起軒然大波；最後在川村總督、遠藤社長及台灣民間的激烈響應之下，貴族院不得已才以三項附帶條件的方式通過此項議案；時為一九二九年三月二十七日，一波三折的日月潭發電工程終於又露出了曙光，預定商借外債面額為四千九百萬元，其本利由中央政府保證支付。

工程再興案確定之後，總督府便積極與拓務、大藏兩省交涉外債募集協議案；然當時恰逢世界經濟大恐慌之後，美國財界的景氣尚未好轉，加以其內外政情不穩，因此舉債之事進展並不順利。後來在美國總統胡佛的居中斡旋之下，促成以摩根公司為首的資本團與日方交涉；終於在一九三一年六月二十五日簽訂二千二百八十萬美金（約合日幣四千五百七十三萬元）外債借款契約。日月潭工程獲得此有力資金的注入，在同年十月一日再度復工，基於培養日本本土大型土木及電力工程施工的能力，工程並未交付當時進行再勘察作業的Stone and Webster公司承包，並完全發包交由本土營造廠商進行施工。由於工事進行順利，眾所矚目的日月潭發電工程終於在一九三四年六月三十日竣工，台北竣工祝賀大會於同年十月二十八日假鐵道飯店舉行（舊址位於今台北火車站前新光三越大樓）。

台灣電力與台灣工業化的關連

當日月潭的水力發電廠完成之後，台灣電力成為發電業界不容挑戰的霸權。一九二七年時占全台發電量三十四・五％的民營電力業者，迅速地淪為台灣電力的附庸，在競爭失利下將原本自有的發電設備棄之不用，變身成純然為台灣電力代售電力的代理商。在日軍介入中國戰場之後，在「戰爭經濟」之大前提之下，小林躋造總督（任期一九三六年～一九四〇年）提出了「皇民化、工業化、南進政策」做為治台的三大原則。由於電力乃工業之母，因此電力供應一元化便成為總督府的既定政策。在官方的大力推動之下，台灣電力株式會社更加快了併吞了各地民營電力會社的腳步；到一九四〇年八月的大合併時，西台灣已成為台灣電力株式會社一家獨大的局面；直到一九四四年東台灣電力株式會社也被台灣電力合併之後，台灣的發電業界才真正成為台電霸權的天下。歷經兒玉、明石及小林三任武官總督之手，終於初步完成一九〇三年時兒玉所頒佈的「全島電氣事業官營方針的決定」中台灣電力一元化的理想。

台灣電力在台灣工業化過程中所扮演的角色，基本上有兩方面的重要意義：第一是透過官方的力量控制電價，對各種起步中的工業提供豐富而廉價的動力，這也帶動了經濟的進一步發展；第二是台灣電力在投資電源開發事業之外，同時還轉投資許多重點工業（合計有日本鋁業、台灣電化、台灣瓦斯、台灣化成工業、台灣船渠、台灣國產自動車、南方水泥工業、台灣拓殖株式會社等十七社），形成台灣本地完整的工業化架構。

在一九三〇年代末期，隨著日軍的腳步深入中國及南洋各地，台電的勢力也開始南進。台灣電力曾經於廣東、汕頭、香港、馬尼拉及碧瑤等地設立支社，進行當地自主電源的開發工作；當時台電於菲律賓受託經營的企業總計有馬尼拉電氣會社、國營動力會社、碧瑤市營電氣會社等八家，由此可見當時台電參與南進政策的積極程度。

儘管當時台灣工業化的腳步，是在日本殖民統治思考下所建立起來的，然而卻實實在在地為台灣奠下了邁向現代化國家的基礎。當時的台北中田、豐原鐵工廠等已經具有原動機或水輪機的承製能力；然而在日本戰敗、國府劫收台灣的歷史斷裂下，一切累積的成就幾乎歸零。而國民黨的買辦政權除了全盤接收日帝的殖民架構之外，更缺乏立足台灣、規畫百年大計的胸懷與能力；導致日治末期所發展出來的基礎工業能力完全付之一炬，演變至今台灣仍然必須向外採購發電設備，極不穩定的進口能源（天然氣、煤炭、核燃料）成為今日發電的主流。事實上早在八十多年前汽電共生的觀念已出現在台灣，由台灣電力、糖業會社及發電設備製造廠合作推動，並有實際安裝完成使用的例子；風力發電的觀念也曾經在當時的《台灣電氣協會會報》上提出討論，處處可見台灣電力推動科技生根的痕跡。甚至於一九四一年台灣經濟審議會還曾經提出台灣工業振興計畫下之電源開發計畫，由當時合併前的台灣電力與東台灣電力興業分別執行工業台灣的電源開發十年計畫；共計有四十七處大小型水力發電所，其中擁有四十五萬ＫＷ發電容量的大甲溪開發計畫約佔十年計畫發電量的四分之一，其主要供電對象為新高港（今台中港）之開發及營運。然自彼至今光陰飛逝，大甲溪水力計畫提出至今已將近八十載，完成似乎依然遙遙無期；而立法院內也曾為了核四廠的預算案，上演過一齣齣愚民的戲碼。從南進政策、汽電共生、自然能源的開發到大甲溪計畫，一幕幕呈現出來的只是買辦政權與失根的國家，無能與缺乏想像力的嘴臉。與其相比之下，說到做到的日帝台灣總督府似乎還來得誠實一點。

嘉南大圳的開發

今天提起嘉南平原一帶，誰都知道那兒是有名的農業地帶，也是台灣著名的米倉。可是卻很少人能夠想像早在日治時期，這一帶卻是全島最廣袤的貧瘠之地，北起濁水溪口南抵曾文溪畔，南北縱長約九十二公里，東西寬約三十二公里的地區；年平均降雨量雖高達二千五百公釐，可是絕大部份卻集中於五月到九月的颱風季節，歷年來的水災可謂不計其數。可是到了秋冬的乾燥時期，卻往往連居民的飲用水源都無法確保；而且土壤的鹽害嚴重，因此這一帶到處都是所謂的「看天田」(只有雨量充沛的年份可以耕種的水田)；另外就只能少量地種些不太需要水份的土豆和甘蔗，因此此地雖然是台灣少有的平原地帶，可是農作物的收成量卻差得不成比例。

其實這個問題的歷史幾乎跟台灣的近代開發史一樣久遠。早在十七世紀荷蘭東印度公司入墾台灣的時候，便已經遭遇到這個難題，在今天的烏山頭水庫入口不遠處還遺留著當時荷蘭人以紅磚所興築的「三腳埤」遺跡。到了清康熙末期年，當時的知縣周鐘瑄還曾經拿出資金發動居民，興建了一條名為「烏山頭陂」的土堤以供蓄水之用，由此我們便可知當地的人們對於水利灌溉設施的期盼有多麼地殷切。

大正六年（一九一七年），山形要助土木局長為了尋找新的水力發電來源，以供應正在起步階段的工業及發展打狗港（一九二〇年更名為高雄港）的電力需求；於是他命令年輕的八田與一技師進行全島水利資源的田野調查，這次的勘查行動還有另外一個附帶的目的，那就是針對急水溪灌溉用水壩建設的可能性進行實地的勘察。而這項調查目的背後的理由，是由於當時日本內地的米糧嚴重缺乏，亟需由尚未完全開發的台灣尋找可能的稻米增產來源。而第一個增產的目標地區便是隸屬於新竹州的桃園台地，此項名為「桃園埤圳」的灌溉工事恰好也是由八田與一技師所負責；完工之後可使多達二萬二千甲的農田受惠，而總督府所看上的第二個增產目標便是這片更為廣闊的旱澇之地——嘉南平原。

選擇急水溪進行調查原本是由當時的嘉義廳長津田毅一所提出的計畫，然而八田技師在經過調查之後發現，急水溪流域並沒有理想的水壩設置地點，即使勉強興築也不具任何的經濟效益。不過八田在調查的過程中卻發現，在嘉南平原上有著許許多多苦於無水灌溉、生活貧困的農民們，如果能夠將充足的灌溉用水導引到這片荒涼的大地上，一定能夠增加農作物的生產。因此八田並沒有因為急水溪的調查結果而灰心，反而更積極地尋找其他適合的水壩建築地點。他首先著眼的便是荷蘭人與清朝官吏都看上的烏山頭，後來在遺址的上流處的確找到一個適合的地點；另外在龜重溪的上游也找到了另一處預定地。此時在八田的心中浮現了一個雄大的理想：「在官田溪（曾文溪的支流）與龜重溪（急水溪的支流）的上游同時興建水壩，並於嘉南平原上興築綿密的給水渠道，然後再合併施行排水工程的話，可以改良將近十萬甲的農田；如此不但一舉解決缺水與氾濫的問題，鹽害的困擾也可一併解除，嘉南平原便可成為稻米的產地，預估將可增加七萬五千噸的糧食。」

然而此一計畫提出之後，卻在土木局內部引起軒然大波；由於當時桃園埤圳的計畫才剛開工，日月潭的水力發電計畫也如弦上之箭；因此嘉南大圳如此規模龐大的計畫，對於資金吃緊的總督府來說，確實不是容易接受的事。嘉南大圳的計畫灌溉面積廣達桃園埤圳的四倍以上，工程費用也與日月潭發電工程不相上下；下村民政長官為此還特別召見八田，要求其說明此一計畫的原委及其將來性。

「八田！這麼大規模的灌溉工程，在日本內地有過類似的前例嗎？」下村長官劈頭就這麼問道。

「沒有！如果這項工程果真能夠完成的話，不僅在日本是前所未見的大手筆，即使在亞洲也是空前的記錄。」

「這麼大的計畫你真的沒問題嗎？山形局長說你是執行此一計畫的不二人選，可是你自己真的有信心嗎？」

沒想到長官會問得這麼直接，八田不禁遲疑了一下：「當然有自信！所以我才敢提出這份計畫書，只不過資金的部分就不是身為技術人員的我所能掌握的！」

「我懂你的意思，資金的籌措正是我該負責的工作！雖然目前日月潭的工程也急需大筆的資金，各方面的困難也再所難免；不過如果我們能夠一口氣在台灣興建兩件東洋首屈一指的大工程，真是再爽快也不過的事！肯定會讓內地那些自大的傢伙大吃一驚的！」

在下村長官的大力支持之下，大圳的計畫終於在大正六年（一九一七年）冬天獲得總督府的同意，同時對外發表了如下的聲明：「以官田溪與龜重溪的上游流域為引水來源，在供給嘉南一帶灌溉用水的同時，興建排水設備的話，預計將可供應七萬五千甲農田充足的水量。本府認為是極為有利民生的重要事業，此項工程建設的主要經費將由國家補助，然而細部的設施所需費用預定由地方的相關人士自行分攤。」

不料受到日月潭工程預算受阻的波瀾影響，嘉南大圳一案也在總督府議的預算審查中遭到擱置。此時明石正好到台灣走馬上任，而在台灣等著他的正是日月潭與嘉南大圳兩項胎死腹中的大工程；而在明石抵達台灣的第二天——大正七年七月二十二日，正好是富山縣魚津町發生震驚全國米騷動事件（由於物價變動、米價高漲，導致城市勞動者和下層農民生活窮困；富山縣的漁村婦人首先發難，聚眾襲擊米店，這項自發性的暴動一度蔓延至全國各地，最後政府出動軍隊方鎮壓下來）的日子。或許是此一事件的影響，明石上任之後對於以增產米糧為目的的嘉南大圳計畫相當重視；同年九月總督府便由內務省請來了原田貞介技監，針對嘉南平原的灌溉計畫進行實地的勘察，重新評估該計畫的可行性。

然而此時事情的發展卻發生了意外的變化，來自嘉南平原一帶的請願書如雪片般擁進了總督府；經由地方廳長所轉達的合計有六十五件，參與連署的農民共來自三百三十一個街庄，總計一萬一千五百餘人，另外地方廳長所收到的個人或團體請願書甚至多達二十幾箱。請願書的主要內容大致如下：「雖然迫於預算不足的壓力，不得不暫緩嘉南大圳的計畫，但是站在相關農民的立場，願意盡力協助政府節省預算並且提供興築所須勞力」，甚至於有人表示：「每甲地願意提供二百元的補貼，以減輕政府預算的壓力」只求嘉南大圳的計畫能夠早日動工。

但是更令人驚訝的是絕大多屬連署的農民並非自願蓋手印，而是地方上的行政官僚在恩威併施的情況下，逼使農民們不得不同意簽署這些請願書。而反對最強烈的正是被安排必須出資成立組合（合作社），以負責推動興建及管理大圳的地主們，主要的理由是他們必須每年持續每甲負擔十元的補貼費用。然而根據台灣人民過去的經驗，清國的官吏也不止一次地告訴他們需要經費來興築公共建設；但是每次他們所繳納的「工程受益費」卻如石沉大海一去無回，全數進到了這些唐山來的貪官污吏的口袋，也因此養成台灣人對於官方的這套說辭極為反感的性格。此外對於目前已經能夠提供個人田地所需灌溉用水、或是從事不需灌溉旱作的農民來說，也不願意分攤這筆公共用水工程的費用，更何況絕大多數的貧農當時都不具有耕種水田的經驗及資本，即使這項大圳工程果真完成，對於他們的生活來說未必能帶來任何的助益。

然而此時日本內地的米糧不足問題卻是不斷地昇高，大正五年時一石米的價格不過才十五元，但是到了大正七年底已經暴漲到了四十元以上。因此對於政府來說，如何增加稻米的產量成了當務之急，台灣總督府當然也感受到了這股壓力。

好不容易原田技監與八田技師所共同進行的最終調查結果終於出爐了，報告再度肯定官田溪是最理想的引水來源，然而龜重溪的貯水能力卻與施工費用不成比例；但由於並沒有其他更理想的築壩地點，因此必要的情形時也考慮直接由濁水溪引水補充。可是八田卻在報告中提出了另一個令人驚訝的想法，官田溪的貯水量用來灌溉原案的七萬五千甲已經稍嫌不足，而他卻希望將灌溉面積擴大到整個嘉南平原，總面積高達十五萬甲。

在土木局同儕及山形局長懷疑的眼光中，八田平靜地道出他自己的想法：「與其說這個想法是從技術層面來考量，倒不如說這是我個人思想的一種呈現。誠如各位所知，即使由這兩個水源同時取水，最理想的情況下也只能供應七萬甲左右的水田灌溉所需，因此這七萬甲的土地將可以每年開始生產稻米，可是其他無水可用的土地呢？只好維持目前這種不毛之地的狀況，不要說稻米、可能連甘蔗或雜糧作物都沒辦法收成。這種情況長久下去的話，有幸得到灌溉用水的農民收入一定會不斷增加，慢慢步入現代化的農業；而其他的農民只好繼續留在傳統的封建農法之中，陷入永遠沒有希望的貧困。同樣居住在嘉南平原這塊土地上，只是因為居住地點的不同，卻被迫分成貧富差距分明的兩個集團，這對於台灣的將來也絕對不是件好事。我本身也是農家子弟出身，住在怎麼努力耕種也無法得到回報土地上農民的那種痛苦，我能夠深深地體會，因此我的想法是將嘉南平原劃分為二或三個部份，分年平均地給水；如此一來整個嘉南地區的農民都能夠平等地得到水的恩惠，而且這兩個水源的水量也綽綽有餘。

有水的地方就種水稻，沒有輪到供水的地方就種甘蔗或雜糧；尤其現在米價高漲，大家都不願意種甘蔗，導致製糖業的原料荒，如此一來也可以稍解業者的燃眉之急；更重要的是嘉南地區的農民能夠開始接觸現代化的農業，因此我認為這是最理想的方案。」

八田的意見顯露了他超越一名單純技術人員的胸懷，然而不瞭解農業技術的他，所提出的這項「三年輪作給水法」卻馬上受到農務相關人員不客氣的挑戰。

當時的台灣民間還是盛行地主佃農的耕作關係。佃農向地主租借土地耕種，收成之後必須將收穫量的一半交還給地主；然而由於佃農大多極為貧窮，因此地主除了將土地租給佃農之外，也提供半數耕種所需的肥料。這種制度在台灣已經持續了有兩百年以上的歷史；彼此之間的關係極為穩固，現在要將這種輪耕制度重新導入，說服這些生活貧困、缺乏技術與資金的農民來學習困難的稻作，而且要求他們放棄自由耕作的權利，對於農政單位的幹部來說簡直是比築建嘉南大圳更不可能的天方夜譚。

然而這次來到台灣的新總督明石，他的胸中一直有著這麼一句座右銘：「如果只是單純地以開創事業為目的的話，這種事情是企業家的專利，而國家所推動的事業應該是讓絕大多數的人民能夠雨露均霑為目的。」或許是這一點與八田的心靈有著若干共鳴的地方，同時在山形土木局長與下村長官的全力支持下，嘉南平原全境開發的命運終於決定了。

八田所設計的嘉南大圳源頭正是今日我們所熟知的烏山頭水庫，堰堤總長達一千二百七十三公尺，堰堤底部幅寬為三百零三公尺，堤頂幅寬為九公尺，高度則高達五十六公尺，貯水能力達一億五千萬噸，滿水面積十三平方公里，最大水深三十二公尺；這不僅是亞洲最大的水壩，即使在水壩技術先進的美國也僅有少數的幾個例子，為當時全世界規模第三大的水壩。八田並採用當時最先進的「半水成式工法」進行施工，同時烏山頭水壩也是當時亞洲唯一的濕式土堰堤，即使放眼全世界也從未見過如此大規模的土堤。在灌溉給水路方面則分為南北兩條幹線與濁水幹線，南幹線負責灌溉官田溪以南四萬二千甲的土地，而北幹線則負責官田溪以北至北港溪之間的五萬六千甲土地，北港溪以北則屬於濁水幹

早期的烏山頭水庫

線的區域；同時在北幹線與濁水幹線之間還有一條穿越北港溪河床的暗渠。這些給水路合計總長達一萬公里，為桃園埤圳的五十倍，再加上排水路的部分則高達一萬六千公里，是亞洲從未見過的大工程；其灌溉的面積約等於一個日本的香川縣那麼大，比起日本戰後所興建的近代農業水利事業的象徵——愛知用水，還要大上整整十倍。

不過，決定推動這項世紀工程的明石總督，還來不及等到嘉南大圳動工便過世了，幸好繼任的首任文官總督田健二郎繼承了他的遺志。大正九年（一九二〇年）七月帝國臨時議會通過了工程的預算案，總督府補助一千二百萬元工程款，其餘的三千萬元由各相關利益團體籌募。同年八月十八日地方代表一百一十九名向台南、嘉義兩廳長提出「官田溪埤圳新設申請書」八月三十日總督下令：「認可公共埤圳官田溪埤圳組合組織及規約」，而這也是今日嘉南農田水利會的前身。大正九年九月一日工程正式動工，由於工程的難度遠超過預估，因此直到預定完工日期的四年多以後，也就是昭和五年（一九三〇年）的三月才正式竣工。

關於這項工程還有另外一段後續的小插曲，基於烏山頭水庫容易淤積泥沙的緣故，昭和十五年（一九四〇年）時，八田技師便提出了在曾文溪烏山頭水庫取水口的上游，再興

早期的嘉南大圳

建一座大型水壩的建議案，然而當時由於二次世界大戰的戰局吃緊，資金不足的情況下只得被迫放棄，然而一九七三年國民黨政府在日方的技術指導下，在相距不到一百公尺的地點興建了壩高一百三十三公尺、堰堤長度四百公尺的曾文水庫，有效貯水量六億噸，是目前台灣第一大的水壩。

西部海岸線鐵路開通

台灣的鐵路在清末劉銘傳振興洋務的時代，即已經鋪設了由基隆到新竹間約一百公里，不過其軌距較窄而且技術較不成熟。日治時期開始之後，首任總督樺山曾經基於治安的考量向中央政府要求建設南北縱貫鐵路，然因抗日暴動紛擾不斷，同時財政上亦無力顧及因而作罷。兒玉・後藤時期的治台政策則偏重於發展本地產業，藉以謀求台灣總督府財政上之獨立，因此對於此產業命脈的重要交通建設不容罔顧，便毅然決定付諸實行。而後藤對於鐵路建設最重要的經費問題，則採取了發行台灣事業公債，確立縱貫鐵路官方設立的計畫方針，總計發行了二千二百八十萬元的公債充當鐵路建設款。

縱貫鐵路的鋪設於明治三十二年（一八九九年）五月正式開工，北部路段僅止於對清治時期的舊有路線加以改良，新竹以南至三義於明治三十七年（一九〇四年）年初竣工。另外由打狗（今高雄）向北鋪設的路段亦在同時期抵達斗南，中間路段因日俄戰爭勃發之情勢所需，臨時鋪設陸軍輕便新線以為接應，而正式的完工通車則要等到明治四十一年（一九〇八年）才完成。

然而一九〇八年才剛竣工通車的南北縱貫鐵路，到了第一次世界大戰爆發之時卻又發生了不敷使用的窘境。由於戰時物資的龐大需求及各種產業對原料及成品運輸的需要，大戰發生以後台灣的運輸業界也受到了相當大的波及，可謂是前所未有的盛況，鐵路沿線到處可見堆置無法消化的貨物。從數字上來看的話，大正元年（一九一二年）台灣鐵路全年度的總載客人數為四百五十六萬餘人次，運貨量則為一百零八萬餘噸，到了戰爭爆發的大正四年（一九一五年）載客人數則激增為五百二十三萬餘人次，載貨量則為一百三十六萬餘噸；其後仍逐年成長，直到戰局方酣的大正七年（一九一八年），載客人數更是暴增到八百七十七萬餘人次，載貨量也突破了二百萬噸以上，可見不過在短短的數年之間，整條鐵路的運輸量便整整成長了一倍，貨物延怠堆置成為鐵道部最頭痛的問題。

當時無論到哪一個車站都可見到成堆屯積來不及運送出去的貨物，即使是當時台灣最重要的外銷產品——糖，也沒有適當的倉庫得以堆放，只能放在鐵路旁任憑風吹雨淋。此外用來做為燃料用的煤炭也因為運輸延誤的關係，使得製糖工場的營運為之停頓；運糖的私設鐵道也被迫停止運行，甚至部份電燈會社的供電事業也不得不中止。此外，原本已簽訂契約預定銷回日本內地的糯米也因此而趕不上新年製粿的需求高峰，重要的製糖蔗苗也因不及送達產地而枯死；其他各種正在進行的工程也因原料的運送延遲，而不得不與雨季撞期，形成莫大的資金浪費，此一交通問題嚴重地威脅著台灣剛起步的近代產業。

而西部海岸線鐵路的鋪設便是在這樣的背景之下被提出來的。當時的鐵道部技師新元鹿之助在經過了長期的探勘及思考之後，提出了由竹南沿著西岸的海岸線抵達台中以南的追分興築一條新鐵道的草案，藉以解決鐵路運輸爆滿的問題，同時也對一向缺乏開發機會的西海岸一帶帶來繁榮的契機。其之所以選定海岸沿線為新鐵道的地點有其運輸能力上的考量，以原來的山線（南北縱貫線）來說，由於自新竹以南至豐原以北大多穿梭於叢山峻嶺之中，其鐵道傾斜度高達四十分之一，因此普通一晝夜的通行次數為十八回，全力運轉也只能勉強增加至二十回，以一回列車的聯結車廂上限二十車來計算，一晝夜不過四百輛車廂，即使增建複線同時運轉也只能運送八百輛，同時普通型的火車頭還無法負擔這個任務，必須由大型的火車頭才能夠拖得動。而新規劃的海岸鐵路在坡度上則相對地極為平緩，全線的坡度大概約為兩百分之一的緩傾斜，最陡的大甲路段也只有一百分之一左右，因此只要以普通型的火車頭來運行，一晝夜單線通行即可載運一千零二十輛的車廂，兩者之間運輸能力的差距可謂極為明顯。然而此一就技術面及整體利益上看來極為單純的鐵路開發案，卻在社會上引起了令人始料未及的大波瀾。原來台中地區的地方人士害怕這條海岸鐵道的開設會嚴重影響到台中的發展，當大正七年此一鐵路開發案公布之後，彼等便積極地運作希望能夠阻止此一計畫的推行。其時明石正好為了日月潭工程及演習陪觀的原因返回東京，因此同年十一月十四日台中市民代表板元、津島、安土、山口、林烈堂及林耀亭等人立即北上拜訪新元技師；同月十八日又有彰化街民代表就山海線的接合地點問題晉見新元，等到明石一回到台灣的第二天（大正七年十二月十一日），旋即又有數十名台中地方上的有力人士湧進總督府，從早上十點多開始輪番上陣向明石陳述種種反對海岸鐵道興建的理由。途中明石時而沉默時而苦思，連午飯也沒時間吃，直到下午三點多明石才向這些代表清楚地表示自己的看法：「幾個小時下來我深深能夠體會各位代表熱切的期盼，然而我站在台灣總督的立場，必須考慮台灣全盤的利害興弊來做決定，很可借我實在無法答應各位的要求！但是也請各位放心，明石身為台灣總督絕對不會忘記台中人民的利益的！」

十二月十四日，三村（台中）廳長親自北上為山線複數化方案請命，當時高田（殖產）局長也支持此一方案，然而總督府依然堅持新建海岸線的方針不變。同月十五日，總督府通知三村廳長如果有比海岸線更理想的方案的話，可以直接提出調查報告及設計圖。新元技師見情勢發展越演越烈，即主動提出願意南下台中直接與市民們對談溝通，然而明石並未批准，湯地警視總長也害怕因此會引起更大的衝突事端而極力反對。

而當時總督府內部的意見也未完全整合，部份官員時而對外任意發言造成地方人民的誤解與反感；同時也影響返回東京爭取來年預算下村長官的立場，於是明石便命令新元積極爭取府內其它部局的諒解；並且發電報給東京的下村：「針對海岸線問題台中市民已屢次向總督陳情，總督均明確加以回絕；如果東京也有反對運動人士施壓的話，無論如何都必須嚴守原案的原則，切勿有誤。」

十二月十九日，大藏省同意海岸線工程預算案的編列；工程的進行已經如弦上之箭，明石也首次明白地向新元技師表示：「如果台中市民有任何過於激烈的反對行動的話，即使使用武裝力量鎮壓也在所不惜！」同月二十八日可說是海岸線反對運動的最高潮，鐵道部甚至派出白勢事務官、管野技師等實務人員，在總督官邸內為反對運動人士進行鉅細靡遺的工程說明。大正八年一月六日，總督官邸舉行諮商討論會議，就嘉南大圳、日月潭發電工程、教育令及海岸線鐵道問題進行討論。同月十一日明石決定將過去由民政長官所兼任的鐵道部長改為專任部長，由新元就任首任鐵道部長。同月十六日，新元與高田代理長官研議出一項對台中市民公布的宣示：「（一）行駛山線或海線的載客列車或混合列車班次原則上相仿，同時加開由海線駛往台中的連絡班次。（二）如果途經海岸線的旅客大多有路經台中中途下車的意願的話，鐵道當局必須設法滿足其要求。」然而翌日明石卻明白向新元提示：「向民眾宣佈的部分只要言明山線、海線的列車會同時運行，山線絕對不會撤廢，總督府的任何決定一定會對台中市民抱持最大的善意，至於其他則一概不必多說。」

同月二十二日，明石登阿里山一遊，台中的松岡、坂元兩人再度代表市民前往明石下榻的嘉義旅社造訪，希望明石能夠具體表示所謂對台中市民抱持最大善意究竟意指何事。明石不改其強硬的軍人本色直截了當地回答說：「善意就是善意，如果具體說出來的話就沒有所謂善意可言，如果各位對我所說的『善意』這句話如此在意的話，那我願意馬上收

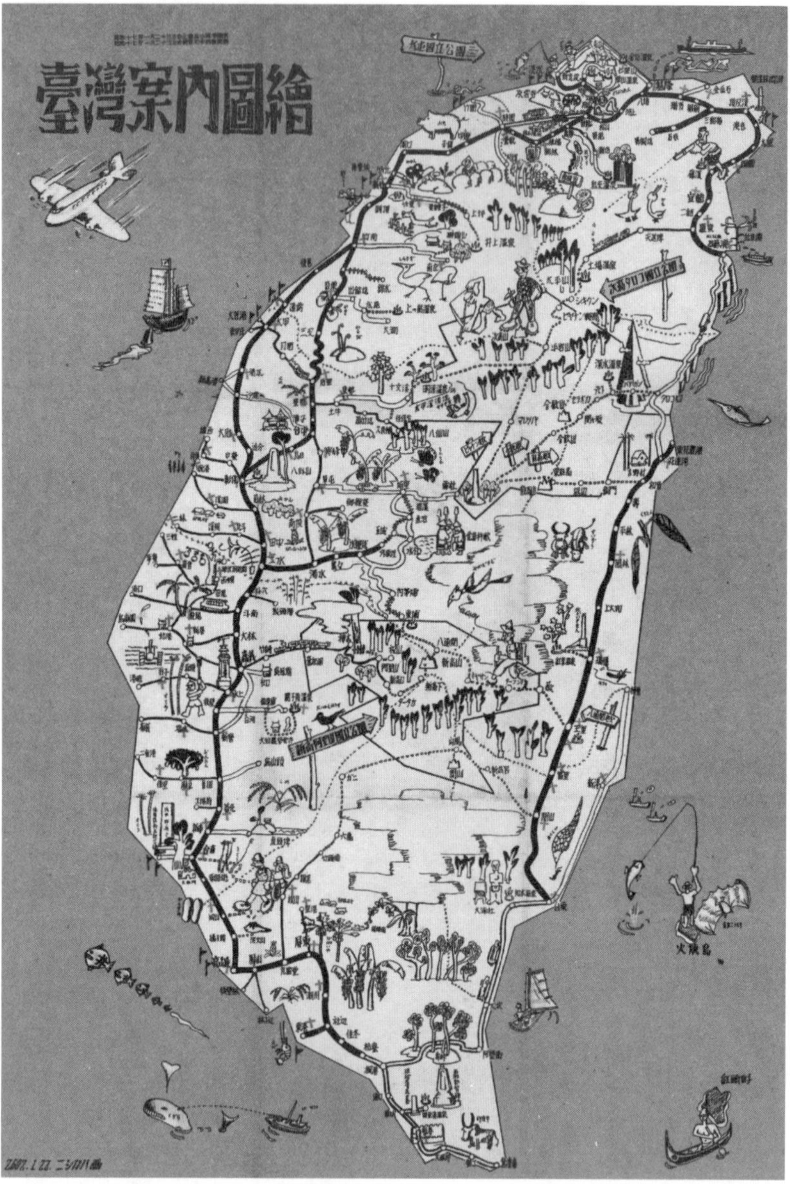

1942年的台灣案內圖繪中能清楚看見位於苗栗、台中的海線鐵路

回。」兩人見明石的態度如此堅定，當下並未多加爭辯隨即返回台中。

一月二十四日，湯地警視總長透過內線消息得知，台中市民反對海岸鐵路興建最力的期成同盟會已經決定解散；三村廳長也傳回同樣的消息，整個海岸鐵路案所引發的風波到此才算告一段落。大正十一年（一九二二年）十月十日西部海岸線全線終於完工通車，並於通霄舉行盛大的通車典禮。

台灣教育令的公布及施行

由於台灣是搭上殖民帝國末班車的日本所取得的第一個殖民地，一切都在未知當中摸索。同時清國統治末期台灣的財政衰敗，日治初期甚至有人提議以一億元的代價將台灣出售給法國。加上大正四年（一九一五年）以前台灣的反日、獨立抗爭風潮不斷，使得總督府為了鎮壓民變疲於奔命；因此初期的統治重點幾乎都放在經濟基盤與統治權威的建立上。至於教育方面則未有一貫的明確理念，甚至號稱台灣現代化的規劃大師——後藤新平還曾經在一九〇三年的學年諮問會上明白表示：「總督連政治的大方針都還未見示，更談不上什麼教育的方針，教育是沒有方針的……基於國語（日語）普及的目的……只要討論如何普及國語就行，這是總督的訓示。」

由此可知日治初期，教育的重心便是在日語的傳授。日語不但是教育的工具，同時也是所有教育的內容，也就是所謂的「國語教育」；其目的即在於統治行政上溝通之必須。早在明治二十八年（一八九五年）五月首任民政局學務部長伊藤修二（第十任總督伊藤多喜男之兄）即以陸軍省雇員的身份抵達台灣；同年六月十八日於大稻埕某民家開設學務部。旋即遷至八芝蘭（今士林）的芝山巖，以每個月五元租借古廟廂房做為學務部辦事處；並由地方士紳仲介募得柯秋潔等六名學生學習日語，是為台灣日式教育之肇始。同年底伊澤隨日軍南征的腳步進入台南，他除了陪同樺山視察台南孔子廟之外，還拜訪了傳教士巴克禮；巴克禮以自身多年的經驗向伊澤建議，應該用台語羅馬字對台灣人施行基礎教育，如此方可收事半功倍之效；不過伊澤卻有他自己的看法，他認為日台之間有共通的漢字，應該比起英語和台語間的差距來得小，所以決定透過漢字來教授日語。這是總督府在台灣開拓近代教育的首要方針。

這個方針被後來的兒玉・後藤時代所繼承，然而除了國語教育之外其他的教育內容可謂乏善可陳。對殖民母國來說殖民地的經營並非慈善事業，其最主要的目的乃在於搾取經濟利益；因此一般殖民地教育大都採取愚民政策以便於統治，此外限定其教育的範疇也是常見的手法。以老牌的殖民帝國英國為例來說，在印度人的高等教育方面，僅限定其選擇文學、哲學與法律等學科，並且以少數的上層階級為限便是最典型的例子。而殖民地教育的另一個特色為輕視初等教育而重視高等教育；如此一來不但使為數眾多的庶民愚昧無知容易統治，同時還可培養少數協助統治的買辦菁英。以一九二一年的英領印度為例，文盲佔其總人口達九十一・八％，卻擁有總數十五所的大學即可知其嚴重性。日帝在台灣的教育可說完全按照此一原則，國民學校直到昭和十八年（一九四三年）才改制為義務教育，在一九二〇年時台灣人的日語普及程度還只達到二・八六％而已。

此外台灣的殖民地教育還有一項嚴重的問題，那便是日本人與台灣人之間的差別待遇。在初等教育方面，一八九六年總督府選定了十四個地方設立總督府直轄的國語傳習所。兩年後改制成為台灣人兒童初等教育機關的「公學校」，同年則在都市部專為日本人兒童設置「小學校」。在高等普通教育方面同樣實行日台分制，一八九八年首先為居台日本男生於「總督府國語學校」第四附屬學校內設尋常中學科，一九〇七年獨立為中學；台灣人男生則於一九一五年在林獻堂等人的奔走下成立了台中中學校；日本人女生方面在一九〇四年於「國語學校」內附設「高等女學校」，一九一〇年獨立出來；台灣人女生則於一八九七年在「國語學校」第一附屬學校設立「女子分教場」，一九一九年改制獨立為「台北女子高等普通學校」；但是台灣人學校的修業年限都較日人學校短一年，在教學程度上亦較低。至於專門職業教育一般說來是歐美殖民地教育的基礎，然而在台灣卻僅允許「總督府醫學校」（一八九九年）的成立，一九一九年更名為醫學專門學校，以招收台灣人學生為主要對象，至於其他的農工商業則僅設簡易的講習所。由此可見在一九一九年（大正八年）台灣教育令發布之前，基礎的國語教育與實用的醫學教育便是統治台灣的實用目的上所能容許的全部。

此一教育上的差別待遇唯一的目的，便是鞏固日本人在台灣政府及企業內的獨佔地位，對於此點蔡培火在他的《給日本國民》一文中曾有如下的批判：「對於我們不許有個性的存在，我們的語言終於無所用之；我們除了勞動之外，一切活動的機會盡被剝奪，但我們受到獎勵以服從阿諛為我們應守的美德……我們必然要由一切有責任的地位退卻，這是由於我們連明白說明我們意志的機會都已沒有，這些不是很有效的能力搾取教育嗎？這些不是露骨的愚民教育嗎?……」

當時除了這些少量而台日兩軌分別的學校之外，事實上還存在著為數不少的書房與教會系統的私立學校，其教授的科目也彼此不同。這種多元而紊亂的教育系統直到明石上任總督，於大正八年（一九一九年）一月頒布了台灣教育令之後才稍有改變。大正七年由學務部長隈本繁吉所提出之教育令草案，於同年十二月十八日的部局長會議中，獲得全場一致的通過，並於大正八年一月以第一號敕令頒布，同年四月起正式施行。

此一新頒布之教育令明白地昭示以同化台灣子弟為目的，主要內容為增設各種高等普通教育、職業教育及師範教育機構；其中以招收台灣學生為主的部份有公立台北女子高等普通學校、公立彰化女子高等普通學校、總督府台南師範學校、公立台北高等普通學校師範部、總督府農林專門學校、總督府商業專門學校、公立嘉義農林學校、公立台中商業學校、公立台北工業學校、公立簡易實業學校等；此一增設學校的行動大為增加了台灣學生升學求知的管道，但基本上仍然維持台日學生分別學習的精神，直到一九二二年新教育令制定之後才打破此一藩籬，以台日學生共學為主要目標。

大正八年二月明石曾發布了以下的台灣教育令總督諭告:「帝國統治台灣至今已二十

餘年，其間揚文興化之跡歷歷可見，而今應再度確立將來教育之方針，並使治下庶民得知其緣由，吾懇切以為當前刻不容緩之要務。……台灣之教育目前分為普通教育、實業教育、專門教育及師範教育等四大項。普通教育之目標為教授國語，並傳授生活上所必須之常識技能；對女性則特別注重培養其貞順溫和之德性；實業教育及專門教育則皆以訓練學生之專業學識技術為主；而師範教育則特別注重學生品性的陶冶及國語能力之純熟，以建立普通教育順利推展之基礎。各種教育皆以德性之涵養為其基本的要義，同時各類學校絕無輕重緩急之差別，此刻總督府深感統一各級學制之必要性，施行專門教育之學校以官立及公立為限，施行師範、普通教育之學校亦同；前者為順應時勢及民情之所需應具備各種必要的設備，而後者作為涵養國民性格的統一機關更有其必要；至於本教育令所未包括在內的特殊學校或其他教育設施、私立學校等，將來會依照本令之主旨大要，並斟酌各方面之條件漸次修訂公布。

總歸而言，台灣的教育須配合當前世界人類文明進展之腳步，觀察本島人民順應之情形，以啟發智能、涵養道德、普及國語為主；使之擁有一個堂堂正正帝國臣民所應具備之資質與品性，倘使台灣民眾能體認本令發布之精神，鼓勵子弟向學上進，將來必定能夠伴隨帝國昌隆國運之發展，永沐天皇浩蕩之聖恩，以光榮之帝國臣民的身份，永享天下太平之樂，故切毋有違本令之順利推行。」

縱觀後來台灣教育的發展，一九一九年的教育令頒布確有其時代的必然性，其主要原因為一次大戰後民族運動的風潮掀起台灣人對文化提昇的要求；此外戰時需求所帶動的產業發達也亟需更大量的技術教育人才與國民教育基礎；當然在台日人子弟的教育需求增加也是帶動高等教育機關設立的另一項主因。然而一九二二年的新教育令所標榜的共學政策卻徒然陷台灣人於升學困難的窘境之中，畢竟以日語為主要教授工具及內容的殖民地教育對台灣人來說，在起跑點上便輸給了日本人；所謂共學其實大開了日本人占據高等教育資源的方便之門，因此不少台灣學生便乾脆負笈東瀛，到差別及限制都較少的內地去留學，但是我們不可否認的是日治時代的殖民教育確實打開了台灣的近代教育大門。

台灣森林令的公布

台灣全島的面積約有七成為高低起伏的高山或丘陵，如果懂得善加保護管理的話，不僅能夠維持台灣島的豐富的生態相，更可以提供水土保持的功能。而對於實行殖民統治的總督府來說，滿山遍野的林木更是經濟上一項重要的財源。然而在清國統治時代，對於台灣豐富的森林資源並沒有任何保護增產的林業政策；因此森林火災與濫墾、濫伐可說是兩百多年來無法斷絕的惡夢，造成了隨處可見裸山荒嶺的窘境。到了日治時期雖然警覺到此一問題的嚴重性，卻苦於管制濫墾與造林所需的龐大經費，而遲遲未能提出有效的對策。

後來第一次世界大戰爆發，由於戰爭物資的需求孔急，各種可用的木材被大量地採伐；同時為了生產戰爭所需的各種原料林地也被大規模地開墾，台灣的森林可謂遭到前所未有的浩劫。因此到了大正四年（一九一五年）七月，總督府才急忙增設了主管林政的營林局，其主要管轄的範圍包括國有林野產物的採收、加工與販賣，以及國有林的造林保護等工作。

到了大正八年六月總督府官制修改時，明石將原屬於殖產局的林務課及林業試驗場也合併到營林局轄下；因此其原本對於私有林地的指導、監督與林業試驗、保安林及其他一般林地的取締管理工作，也一起併入營林局的業務範圍。對於曾經長期駐留歐洲與朝鮮的明石來說，這兩個地區所遭遇到森林破壞後的慘痛教訓可謂銘記在心；因此當他上任總督之後，除了將林政管理制度一元化之外，還積極思索制定森林管理法規的問題。他在上任的兩個月之後，便在律令審議會中提出由林務課長山崎嘉夫所擬定之日帝治台以來第一部森林管理法令；同年十月九日通過審議會的決議，並向內閣總理大臣提出發布的申請；大正八年七月三十一日總理指示准予森林令的發布，同年的十一月四日，繼任明石的田總督便發布了第十號律令——台灣森林令。其內容之要點如下：

（一）過去私有林地之管理取締規則多以保安林為主要對象，但本法令所管理之對象包含一切國有林及私有林地。

（二）過去對於禁止林、保安林等，一概採取全面禁止採伐、開墾的行為；然而在森林令中對於保安林的規定方面，只要主管單位認可其行動不至危害保安林的目的或發生其他問題的話，亦可進行採伐或開墾的行為。

（三）過去對於林地濫墾的取締行為僅限於國有林的部份；而新令中准許主管機關只要事先宣佈，可針對一處或多處林地，以國土保安、預防災害、涵養水源、航行目標、公共衛生、魚群棲附或防風等理由，禁止該林地的隨意濫墾。

（四）過去對於私有林的經營並沒有任何的監督規定，往往導致不少私有林地的荒廢；林業經營的方法也極為拙劣，導致整體森林經濟陷入嚴重的危機；依據本次頒佈的森林令，在有利公益的必要情形之下，主管當局可對已經荒蕪或瀕臨荒蕪的私有林所有者，提出復元或重新造林的命令；並可指定復元、造林的方法。

此外，森林令中還規定了許多獎勵人民營林造林的措施，以及森林警察的設置、違法行為的罰則等事項。而基於此一法令施行之後營林管理業務的增加，大正八年三月起，總督府內增設事務官一名、技師一名、屬與技手合計六名；同年五月，各地方廳下亦增設屬十一名、技手十二名及林務手一百四十二名。

三審司法制度的改革

一般殖民帝國對於殖民地的立法，原則上並不經過本國的國內議會。主要的理由為殖民地乃是地位特殊的新附屬領土，並不適合立即施行與本國相同的法律，而日本對殖民地台灣的待遇自然也不例外。

日本治台後的翌年（一八九六年），「台灣事務局」的委員原敬（時任外務省通商局長）向事務局提出了「台灣問題二案」，其一為同化政策，另一則為非同化政策。原敬本人主張統治台灣的基本統治政策應仿照法國殖民阿爾及利亞的方式，採取「內地延長主義的同化政策」，亦即將本國國內法和政治制度延伸至殖民地適用，但他這種急進式同化的提案並沒有被接受。稍後後藤新平所主張的「生物學式的殖民地經營」——亦即所謂「非同化政策」，也沒有得到中央的認同，日本政府所採取的治台政策乃是一種折衷的「漸進同化政策」。

一八九六年三月，帝國議會通過「有關應在台灣施行的法令之法律案」（俗稱「六三法」）；規定「台灣總督在其管轄區域內得發布具有法律效力的命令」，總督所發布的命令即具備法律的效力，因此稱為「律令」，以有別於日本國內所施行的國內法；而國內法規的全部或一部份有必要在台灣施行者則以敕令定之。「六三法」一直到一九〇六年（明治三十九年）才被內容大同小異的法律三一號（俗稱「三一法」）所取代。

在司法方面則於一八九五年十月十七日根據「日令」(軍令)頒佈「台灣總督府法院職制」，條文中規定審判必須在法院或者法院支部舉行，同時法院及法院支部的裁判官一律由總督任命。一八九六年五月一日，公布了「台灣總督府法院條例」，這是日治時代有關裁判機構最初的律令。其中規定「台灣總督府法院接受台灣總督府管轄，進行民事及刑事訴訟的裁判」，而裁判官及檢察官一律由台灣總督選任之，同時總督還對裁判所具有管理權及人事權；爾後此一條例曾再三修改，然而本質上都沒有太大的改變。首任總督樺山資紀雖然在位的時間不長，但是台灣總督的司法權幾乎都在他的任期內建立完成。

自從一八九六年軍政撤廢改行民政以來，台灣的司法裁判即採行與日本國內相同的三審制，亦即包括地方法院、覆審法院及高等法院等三級審判制。然而在一八九七年的高野孟矩事件發生之後，一八九八年七月總督卻撤廢高等法院改制為地方法院及覆審法院的二級制。當時高野孟矩身為台灣高等法院院長兼民政局法務部長，而他所面對的則是日治初期官紀極端腐敗的總督府官吏；生性耿直的高野一上台便毫不留情地將一干貪官污吏揭發出來，並且逮捕了十數名高級官員，甚至連敕任官的住家都有被搜查的記錄。一八九七年六月乃木總督為了議處台灣官界的紀律刷新問題前往東京出差，除了將無能的民政局長水野遵免職之外，財務部長山口宗義與學務部長伊澤修二也被處以留官停職的處分。不久通信部長土居通豫也自行辭職；但是出人意料之外的是，積極糾舉貪官污吏的高野卻也被乃木總督解除了其法務部長的兼任職務。

之後高野受召回東京，松方總理大臣勸他辭去高等法院院長的職務，高野自認理直氣壯拒絕了總理的勸告，沒想到卻被處以留官停職的處分。率直的高野搬出了日本憲法第五十八條第二項的規定，以司法官的升遷任免都有明文保障為由，把留官停職的處分書給退了回去；本人則仍舊回到台灣向總督提出歸任書，表示自己已經銷假回到工作崗位上。可是乃木不但將高野的歸任書給駁回，更令人無法接受的是總督府竟然還派警察將高野趕出法院；忿忿不平的高野終於在十一月四日黯然地離開了台灣，支持高野行動的台北地方法院院長山田藤三郎、判事（裁判官）加藤金三郎及新竹地方法院院長戶口茂里也隨之提出了辭呈。

當時台灣所施行的二審裁判制可說是極為特殊的例子，即使在後來被日本合併的朝鮮，其境內所施行的亦為三審制；更不合理的是在中國境內的台灣人如果有觸犯法律的行為時，其上訴審判卻仍然必須經過所在領事裁判所、長崎控訴院及大審院的三級過程，這對於生活在台灣境內的台灣人民來說可說極為不公平。直到明石上任總督之後的第二年（大正八年）九月，才公布了第四號律令將原有的二審制變更為三審制，此一改制案主要是由當時的覆審法院院長、法學博士谷野格與總督府法務部長長尾景德所擬定的。

此項改制的要點大致為：總督府法院直屬台灣總督（一八九八年修法時即規定），掌理民事、刑事訴訟的裁判及其它非訴訟事件的處理。總督府法院區分為地方法院及高等法院兩級，而高等法院又區分為覆審部及上告部兩者，因此台灣的司法審判再度恢復為三級制。同時還撤除了總督對判官的停職命令權，確實地實現帝國憲法對司法權獨立的保障。

地方法院內部分為判官三人的合議庭及單獨一人兩種，除了歸屬於高等法院上告部特別權限範圍內的事件之外，地方法院負責其管轄區域內的民事、刑事第一審事務、刑事的預審及非訴訟事件的調解等。另外南中國一帶的帝國領事館預審宣判之後的案件公判也由台灣地方法院管轄。

高等法院覆審部為判官三人的合議制，高等法院上告部則為判官五人的合議制，此外有關皇室人員犯罪、內亂罪、外患罪、外交相關罪行及裁判管轄相關申請等皆屬於高等法院上告部的特別權限範圍。

其他建設方面

華南銀行：華南銀行的成立係基於曾擔任台灣銀行董事長柳生一義多年來的意見，建議由日方及中方人民（中華民國籍；以東南亞華僑為主）共同出資籌設，將總行設立於台北，以開發華南及東南亞一帶業務為主要目的。大正七年八月明石總督剛上任不久，板橋林家的林熊徵便代表相關人士，向新總督提起成立此一華僑銀行（後改稱華南銀行）的建議，明石當場便拍案稱好，說道：「此一遠大的南洋開發大計正得我心，請閣下定要努力到底務求此一計畫之實現！」同時明石也交待相關的官員對此計畫進行詳細的調查：一、將來銀行成立後與台灣銀行衝突的可能性？二、和台灣銀行是否已事先進行協調？三、將來和台灣銀行間應保持何種關係？四、目前台灣既有的銀行種類與性質如何？五、華僑銀行應該為台灣帶來哪些利益？六、往來對象的範圍為哪些？在總督的明確支持之下，華南銀行的成立恰如順水推舟，另外在當時的台灣銀行董事長中川及南洋台籍富商郭春秧的挹注之下，大正八年春台北的總行便正式成立了，並由林熊徵擔任第一任的董事長。

南洋倉庫株式會社：日本政府鑑於一次世界大戰後的重建物資需求，以及本身進出南中國及南洋發展的需要；大正七年一月在總督府的贊助下，由當時的台灣倉庫株式會社專務理事三卷俊夫進行調查，計畫另外成立南洋倉庫株式會社；調查結果預定先行於廣東開設分店營業，資金則先由台灣銀行暫時提供融資，並透過當地中國人的仲介於花地租借倉庫進行營業。時至明石總督就任之後，對於華南、南洋方面的開發更為關心，因此認為租借倉庫經營畢竟非長久之計；因此於大正八年春天在沙面展開自有倉庫的建設工程，並且由台灣倉庫株式會社正式獨立出來；沙面的倉庫則於明石歿後的大正九年一月正式開張營業。

新南洋航路：明石上任後將既有的日本、台灣與華南、南洋間的船運航線重新整理。並且與大阪商船會社進行協議，由總督府提供若干的補助金，開設基隆到新加坡（途中停靠高雄、香港、海防、西貢及曼谷）以及基隆、福州與廈門間的兩條新航路。

警察飛行班：或許由於明石本身曾經多次參與國際戰役（征台之役、日俄戰爭、日德戰爭等）的緣故，他對於國防安全的問題一直極為關切；無論在退伍軍人的組織訓練上，或者是從事交通建設方面也不忘由國防角度著眼。尤其當他就任台灣總督之後，在統治上亦相當注重國防的問題，舉例來說，當時的理蕃課長江口曾經為了武裝居留在台灣各地的九千名後備軍人，向總督提出接收陸軍守備隊報銷的一萬挺舊步槍的要求；雖然基於軍方本身的若干理由無法全數撥出，明石的確爽快地了這項要求。

此外江口理蕃課長又提出了另外一項警察飛行班的計畫，亦即在高雄州鳳山大無線電信所附近設立警察飛行班的本部及機場。一來不但可以做為威嚇原住民之用，同時也可向台灣人民顯示帝國文明的利器，並且可就近搬運電信所所需的各項通信器材。明石本人也認為此一飛行班在國防有其一定的價值，因此將之編列入大正八年之年度預算，總計建設經費為十八萬三千四百八十元；同年二月並由內地派遣飛行軍官中川大尉及新山中尉來台援助訓練。然而此一飛行班在成立之初卻遇上了一個大問題，那就是原先飛行班計畫做為機場的地點，恰好是殖產局計畫用來做為蔗苗育苗場的最佳地點，因此該片空地一直保留未挪為他用；對警務局來說該地點同樣是最佳的一時之選，因此警務局一再地對擁有土地的殖產局再三懇求，然而殖產局方面卻始終不為所動；最後終於勞駕明石總督出面協調，最終決定由殖產局將該土地暫時借予警務局使用，並以五年為限。

大日本製腦株式會社與大日本賽璐珞株式會社：當時台灣總督府的五種專賣事業中（鴉片、鹽、砂糖、樟腦、酒），最值得稱道的應屬樟腦；雖然日本及中國亦或多或少可生產部份的天然樟腦，但是在品質及數量上台灣所生產的樟腦可謂獨步全球。根據當時總督府的規定，如果民間業者願意直接由總督府申購所需的原料樟樹及其他相關原料的話，亦可設廠生產粗製樟腦及樟腦油等產品，不過成品當然必須交由專賣局來流通，在大正七年間全台灣登記有案的製腦業者計有二十三家。

但是對於收購樟腦成品的專賣局來說，同時要面對如此多的上游製造商確實不是件容易的事，而且在品質上也不可能統一；因此明石與當時的專賣局長賀來佐賀太郎便討論決定將所有的業者集中起來，統一成立一大型的製腦會社。大正八年二月二十五日於東京召開成立聯合製腦事業的協議會、經過充分的討論之後終於在同年四月成立了台灣製腦株式會社，並由前台中廳長三村三平擔任首任的專務董事。

事實上，此一聯合製腦會社的成立之主要原因，與前進南洋同樣有著密不可分的關係；開發計畫的其中之一便是前往荒蕪遍野的海南島，進行開墾及人工栽培樟樹的工作，然而此一計畫隨著明石的去世後來也無疾而終。

在台灣製腦會社成立之後，總督府為了徹底壟斷製腦工業的上下游，於是由賀來專賣局長繼續推動成立了大日本賽璐珞（celluloid，以樟腦為主原料之一）株式會社，不過在該會社成立之前明石即已撤手人間。

台灣拓殖興業株式會社：一九九九年七月由台灣中央研究院民族所副研究員朱德蘭向媒體揭發慰安婦事件之歷史文件，而在社會上一時聲名大噪的台灣拓殖興業株式會社，其籌畫的立案也是在明石任內的事。當時首先提出此案的是台灣銀行理事池田常吉，該會社的主要目的乃在於協助進行複雜且多樣化的拓殖事業，長期進行事業資金的提供，做為內外推動各項拓殖事業的基本動力；並且力求日本在華南、南洋一帶事業步調的統一與協調，以收相輔相成之效。

事實上，在半官半民性格的表面下，該會社的角色即為總督府的經濟政策實行機構，這一點在其章程中可明顯地看出：「一、為了在台灣島內徹底推行拓殖開墾等國家根本政策，如有私人企業或個人難以推動的部份可由台拓出面進行。二、於中國、南洋一帶盡力推動有利於日方的經濟政策。」

此外台拓還有協助穩定台灣殖民統治上的功能，這一部份的說明如下：「一、可善用逐漸提昇之台灣人的財力與智力。二、藉由推動台灣人的活動來增進日中親善的機會。三、站在對抗歐美列強侵逼的立場上，引發台灣人培養東洋人共助共榮的精神，並藉以消除目前不滿猜疑等情緒，加速同化台人為帝國子民。」

有趣的是當時與有榮焉地站在日帝統治者身邊的買辦台灣人——鹿港辜家及板橋林家，在該份台拓轉投資的福大公司股東名單中赫然有名的情況下（辜振甫、林熊徵）卻堅持不願正面回應。在辜家方面首先由和信集團出面聲明辜振甫當時不過二十多歲，不可能擁有個人事業云云；不多久才由辜振甫本人發表另一份書面聲明，聲稱當時福大公司的股份係由先人繼承而來，身為五房的他所持股份不過四十股，純係酬庸性質本人並未實際參與慰安婦的引介與開業事宜。林家則表示其家族家大業大，賺錢的事業多的是沒有必要從事這種傷天害理的勾當，而且也從未聽長輩提起過。然而從台拓會社成立的宗旨可以明顯看出，總督府確實有意推派部份樣版的台灣人走上檯面，藉以作為拉攏日中雙方感情的馬前卒；而且辜林兩家「家大業大」的財力確實也是當時日本人亟須運用的資源，因此這些買辦家族不可能對於慰安婦事業的部份毫不知情；或許辜振甫本人清楚地站在歷史的轉折點上，或是日式教育下僅存的一點風骨，因此其說法大體上打的是避重就輕的迂迴戰術；而其後輩也許是受過太成功的國民黨化教育，對於清清楚楚的歷史文獻白紙黑紙竟然敢於矢口抵賴，這也未免太過於恃寵而驕，視天下人於無物了吧。

高雄自由港的計畫：事實上高雄（時稱打狗；一九二〇年改現名）在日本治台初期不過是個五百多戶人家的小漁港，到了明治四十四年（一九一一年）時人口也不過才近一萬人。當時雖然有些大船進出，但是大多數是以英國的道格拉斯商會所進口的鴉片為主，此外淺野水泥在打狗山（今半屏山）發現了良質的石灰岩礦，並興築了搬運石灰岩礦的小鐵路，此時總督府便有將高雄發展為南部主要都市的計畫，在進行了港灣基礎調查之後，明治四十一年制訂了六年繼續事業計畫，著手進行高雄港建設的第一期工程。

　　而首先提出高雄港自由化的是曾任土木局長的山形要助博士，他由世界觀的角度標

早期的高雄港

榜高雄成為自由港的必要性與優點，深深獲得同樣雄才大略型明石的讚賞。因此明石上任後為了配合建設台灣成為日本進出華南、南洋基地的策略，除了加強各種基礎電力、交通建設之外，便朝著將高雄建設成為一個對南方吞吐大港的方向推進。如此可由日月潭發電廠供給充足便宜的電力，然後由南洋進口各種便宜的原料，招攬日本的企業家到高雄來設廠生產工業產品，這樣不但可節省運輸的費用，同時可促進台灣本地的工業生根；甚至可以說日月潭水力發電、嘉南大圳、高雄自由港原本就是同一個龐大建設計畫的配套部份。當時為了建設自由港開放後所需的倉庫、碼頭及商店街等計畫，甚至連一千萬元的計畫預算都已送審通過；孰料明石卻在計畫進行當中去世，自由港的計畫也就因此胎死腹中。

第七章

生為日本人，死歸台灣土

半途殉職

大正八年（一九一九年）五月二十七日，明石結束了第二次東京出差的旅程返回台灣。全副心力投注於公務上的他並未多做休息，隔了一天之後馬上又風塵僕僕地踏上了東台灣的巡視之旅，這是他在任內的最後一次地方巡視，同時也是明石完成台灣轄下全境巡禮的一趟旅程。對於絕大多數的台灣總督來說，總督的位置不過是在仕途上更上一層樓的中點站罷了；絕少有人願意在這塊人生地不熟的南方之島多花工夫，甚至有些總督在任內根本連台灣的樣子都沒看清楚（第二任總督桂太郎在四個月的任期內待在台灣的時間不會超過十天）。相對來說，明石在上任不到一年的時間之內便將境內的情形親自實地瞭解了一遍，確實有其用功過人的地方，這種性格在他年輕駐歐的時期便已經充份展露了。

然而這趟辛苦的東台灣之行，有人認為正是明石後來不久於人世的近因。根據當時擔任台南守備隊司令官佐多（武彥）少將的回憶表示，此一東台灣巡視的行程確實安排得過於緊湊；五月二十九日清晨七點由基隆搭乘撫順丸輪船出發，下午五點便抵達了宜蘭廳的蘇澳港，當晚並未於蘇澳多做停留並立即往花蓮港出發；五月三十日清晨明石一行即由花蓮港上岸，並巡視了當地港口的建設情況；三十一日則趕往南邊的吉野、壽、豐田等官營的日人移民村視察，夜宿璞石閣（今玉里）。六月一日則兼程趕路前往南方的台東廳，當晚則留在民間株式會社所經營的移民村鹿野過夜；六月二日才抵達台東市，三日在台東市內稍做停留並與當地人士會面，四日由台東出發經由太麻里抵達巴朗衛（今大武），五日則率領一班人馬強行度過海拔一千餘公尺的浸水營。當時這一帶除了警備用的小路之外別無他途，因此一路走來極為艱辛，旅途中甚至連負責護衛明石安全的巡查都因體力不支而倒地；當晚十點左右終於完成這一段三十多公里蜿蜒山路的急行軍，抵達了阿猴廳（今屏東）下的枋寮。當晚

早期的蘇澳港

二戰末期美軍飛機所拍下的花蓮港

夜宿屏東，隔日即由屏東啟程返回台北。

短短的九天之間，明石便繞了半圈的台灣，可謂是台灣史上政治人物「走透透」的開山始祖。然而當時的公路建設並未如今日般完善，幾乎可說是「腳踏實地」的走透透行程，而且還必須冒著霍亂與瘧疾的危險，與今日政治人物們搭飛機的趕場「飛透透」不可同日而語。令人難以想像的是明石在返回台北的前一天，便以電報通知了下村，決定在返回總督府之後立即舉行廳長會議，從當天的上午八點到下午四點馬拉松式的冗長會議中，明石以個別的方式約談了各個廳長。每位廳長大約花費一個小時的時間，明石在結束這次全島最後的實地巡視之後，再加上剛在東京為台灣電力株式會社的成立補上了臨門一腳；相信在明石的心中對於台灣整體社會政經建設必然有其一番宏偉的藍圖，因此才急著召見各地所屬的廳長討論今後地方建設的方向與計畫云云。

或許正是明石這種拚命三郎式的工作方式，使得他的生命在不久之後便劃上了休止符。結束東台灣之行約半個多月後的六月二十五日，明石的身體便開始出現了不良的警訊，當晚他的體溫上升到了三十七．四度，服藥之後幾天似乎並沒有其他的異

早期的台東市區

狀。七月一日明石還親自參加了在台北古亭練兵場所舉行的大戰締和紀念閱兵典禮（六月二十八日凡爾賽和約於法國巴黎簽訂）。然而明石由於身體不適之故並未參加當晚官邸內所舉行的各國領事聯誼慶祝餐會，而改由下村總務長官代理主持，此後明石總督的病情便如江河日下之勢直至無可挽回。

七月二日，明石的體溫不斷升高，最高甚至達到四十．五度的程度，醫師判定應該是由流行性感冒所併發引起的肺炎。七月四日清晨明石的情況更加危急，幾乎已經到了彌留的狀態，脈搏極淺且快，呼吸急促並且有間歇性的咳嗽產生。當時負責診斷及治療的有木村軍醫部長及堀內醫學博士等人；明石平日非常討厭打針，但是到了這種狀況也沒有選擇的餘地，在明石好友三好德三郎的催促下醫師才鼓起勇氣替明石注射退燒。或許是注射的藥劑發揮了效果，七月五日以後明石的病情開始有好轉的傾向，甚至能夠愉快與下村談論閱兵典禮當時的情形。

即使在病中昏迷的狀態下，明石仍然念念不忘公務，甚至連囈語都還叨唸著中國問題等等。當時身處內地的家族一接到明石病危的消息隨即決定前來台灣，沒想到途中還遭遇到暴風雨的影響，岡山縣附近火車無法通行，不得已錯過了五日由門司港出發的信濃丸，後來才改搭八日出發的亞米利加丸，七月十日晚間抵達基隆港。

原本病情逐漸好轉的明石卻在家人到達之後，七月十四日再度陷入危急的昏迷狀態，幸好在醫師的緊急處理下並未惡化；到了七月二十日明石甚至主動要求希望能夠下床走動；八月五日以後停止醫師的隨侍待命，只保留一名特別護士在身邊照料起居。

九月中旬之後，明石已經能夠嘗試短暫的外出，第一次病後出遊的地點便是北投無名庵的溫泉之旅；他還邀請了當時台灣銀行的董事長中川白雲道人（佛號）同遊，於公於私痛痛快快地暢談了一番。後來明石還主動向當時擔任陸軍大臣的田中義一要求，希望能夠出席即將於十一月舉行的日軍大演習陪同觀禮，田中很爽快地答應了這位老朋友的要求。因此明石決定提早於十月十三日離台返回內地，順便打算在九州溫泉勝地別府靜養些許時日。十月九日，總督官邸內舉辦了一場慶祝明石總督大病初癒以及歡送遠行的茶會；明石的個性一向不喜歡表面的浮華奢禮，因此特別交待當天的茶會要簡單樸素，捨棄豪華的正式會餐而以隨興的歐式派對茶點招待；現場由新元鐵道部長代表出席的所有賓客向明石致慰問辭，值得特別一提的是當時的台南廳長枝德二氏還為了這個送別餐會特別準備了一千多隻的白頭翁，連夜送上台北供茶會賓客烤食下酒。

大正八年十月十三日上午，明石終於踏上了與台灣永別的旅途，在深秋的綿綿細雨中明石與夫人、女兒搭上了基隆碼頭的信濃丸。為了照料總督的起居隨侍在側的還有末松副官與堀內博士，在船上用餐時明石仍然不改病前的大胃王本色，和洋不分地狼吞虎嚥了一番，不過十月十五日下午開始卻意外地有點感冒的跡象。當時由於台灣正在流行霍亂，因此所有由台灣返回內地的旅客都必須接受霍亂的糞便檢疫，即使貴為總督亦無法例外。但是明石卻因為便秘的關係難以排便，直率的他卻又不願意服用腹瀉劑幫助排便，他的理由倒是非常天真：「萬一吃了瀉劑拉肚子的話，被人家誤認為是得了霍亂那豈不是更糟？」

十月十六日上午船上旅客在六連結束了檢疫之後，船又開始朝向彥島方向緩緩出發，旭日晨曦中的關門海峽別有一番迷人的景致。此時明石也恰好收到了好友杉山茂丸的慰問電報：「難得此回大難重生的鴻福氣運，衷心祝福閣下早日康健返回台灣一展鴻圖。」但是餐桌上的明石卻仍然是一副提不起食慾的模樣，甚至連好好坐在椅子上的氣力都沒有；在眾人的扶持下明石回到了下榻的房間休息，由於他開始畏寒還取來了一個熱水袋保溫；但是此刻明石的身體卻開始發作起全身性的痙攣，神智也開始陷入不清的狀態；堀內博士只好採取緊急注射的措施，並且拍發病危電報給福岡附近的親人與至交武谷博士（福岡醫

大教授）

此時，堀內博士判斷最危險的腦溢血現象可能已經發生，因此與末松等人商討接下來的善後事宜。總結眾人的意見如果還有一絲希望的話，希望直接在福岡或門司擇一入院；萬一事態真的無法挽回時，希望將明石總督直接轉送上預定當日返台的亞米利加丸上，立即返回台灣為總督殉職的後事準備爭取最充裕的時間。不久昏迷的明石又悠悠然醒來，下午武谷博士終於抵達船上；進一步診斷的結果確定應該不是腦溢血，而可能是尿毒症急性發作所引起的痙攣現象；並且建議總督與其入院不如借用松本健治郎的宅邸暫時靜養，比醫院更容易進行需要的特別照護。十月十七日上午明石由擔架護送上岸，直接前往位於故鄉福岡大名町的松本宅第。說來也巧，松本家的對面正好是明石出生的舊址，雖然經過數十年物換星移早已看不出原來明石家的樣貌，原地也早已變成了一整列比鄰並排的商店，然而明石卻總算回到他朝思暮想的兒時故鄉。

十月十九日中午，明石延續前兩天來的肢體痲痺現象，漸漸地連口齒也無法清晰地表達，武谷博士判斷這應該是腦溢血不會錯了；於是他對著言語已然不清的明石輕聲說道：「明石大將！萬事已然備妥，一切毋需煩勞您再掛心……」只聽見明石掙扎著最後的一點力氣向武谷答道：「武谷先生！我終於瞭解……人類的生命竟然如此脆弱……」之後便再度陷入了昏迷的狀態；此種情況一直持續到二十四日上午，驍勇的一代武將明石終於在沈睡中結束了他傳奇的一生。

回葬台灣的遺言

明石過世的確實時間應該是大正八年的十月二十四日上午六點三十分，然而基於政府公務上的準備需要，希望遺族在二十四日過後才對外公佈。當晚日本政府便宣佈頒予明石總督正三位敘勳以及男爵的封號，而過世消息的正式發佈則延遲到二十六日上午同一時間。

而明石死後之所以回葬台灣，主要是基於明石本人生前的願望。或許對於個性耿介的他來說，自從經過金澤第七連隊長與熊本師團長的兩度沈潛階段後，對於日本內地結黨成派、熱衷鬥爭的政壇已失去了進一步的企圖心。這兩次的英雄落難若非有伯樂之明的寺內正毅兩番加以提拔的話，或許也不會有後來的明石總督出現了。而此時的寺內早已在朝鮮總督任內以及國內詭譎的政局中耗盡了全身的精力，在同年九月寺內率領內閣總辭；就在明石過世的當時寺內也因重病陷入了病篤的昏迷狀態，十一月三日正當台北在舉行明石總督葬禮時，寺內也悄悄地離開了這個世間，因此寺內到死前恐怕都還不清楚明石已早他一步而去。或許正因為明石心中已然放下仕途求進的念頭，使得他到台灣來能夠大膽地放手一搏；站在日本帝國進出亞洲、與世界列強逐鹿中原的角度，積極地建設台灣成為一個現代化的南進基地。這一點我們可以由當時參與興建日月潭發電廠、嘉南大圳及海岸線鐵路的相關人員回憶中獲得印證。當時擔任台灣電力株式會社首任社長的高木友枝也曾回憶道，明石在上任後不久便曾明白表示，至少在十年之內他不願意主動離開台灣；當時雖然屢屢謠傳明石將被派任陸軍大臣等職，他本人卻未曾絲毫動心。甚至後來還有一位文官總督露骨地說，回顧過去所有的台灣總督來看，真正認真地幹過事的只有明石一人。

所以當明石在七月初病倒之後，在一個偶然的機會中與下村長官聊及死後下葬的地點時，便清楚地表示：「萬一我有什麼三長兩短的話，請一定要將我葬在台北！」因此下村便透過杉山茂丸取得明石老母及親人的同意之後，十月二十九日明石的靈柩便由松本宅第出發，在一行警察、憲兵的護衛之下，緩緩地離開了他降臨也是離開人世的故鄉——福岡，生前的至交好友杉山則寫下最後的一首七絕輓詩為明石送行：

「幾回疑又有人歸，尋思於茲淚滿衣；
落日悠悠秋復老，遠天無際鳥空飛。」

得知明石過世的消息之後，台灣島內當然也掀起了一陣哀悼之聲；當時的台灣買辦代表辜顯榮便率先捐出了一萬元的治喪捐款，加上其他各界的捐款總計達數萬元之譜；這筆費用除了用來建造明石的墓地之外，還包括明石財團的設立費及遺族的慰問金等。這對平日清廉自持、身無長物的明石來說，或許是一生中最奢華的一次享受吧！當時島內各主要報章如《台灣日日新報》、《台灣新聞》、《台南新報》、《經世新報》及《台灣時報》等都刊出了追悼文，在此選錄《台南新報》的追悼文作為代表：

「在目前帝國陸軍軍部之中，驍勇名將多如天際流雲，人才之廣更是明治開國五十年以來前所未見的盛況。明石大將晉升大佐以來將近二十年的時光，正可說是蓄勢待發的黃金年華。然而軍中大部份的將領，都是以明治維新以來諸多的戰功為由，方可贏得今日的顯要榮職，但既往的功勳畢竟難免成為昔日榮光的回憶；將來足以擔任帝國陸軍運籌帷幄的重心，負責統率三軍以國家興亡為己任者唯有我明石大將一人矣，此早已為官民上下內外一致的期待；相信假以時日榮升參謀總長之日必將可期，嗚呼天歲不假英才，今日大將已然撒手西去陰陽兩隔，真可謂世事難以逆料，人間恍如一場大夢云云。」

十一月一日清晨，搭載著明石靈柩的商船亞米利加丸終於平靜地駛進了基隆港；十五個月前迎接新總督明石到來的嘹亮軍樂聲彷彿還繚繞在耳邊，此時卻已然人事全非。在基隆有名的濛濛細雨中，明石的遺體移入了一輛全新的靈柩車，徐徐地朝向設於台北東門街總督官邸內的告別式場移動。十一月三日，在下村長官的主祭下，一千多名參與葬禮進行的親友、隨從官員及民眾在伴隨著靈柩繞行了台北市主要街道之後，明石的靈柩終於下葬於台北三板橋的日本人墓地，墓碑上寫著「台灣總督台灣軍司令官正三位勳一等男爵明石元二郎之墓」

在此附帶一提的是，站在台灣人的角度來看，入主台灣總督府的外來政權代表——日

明石總督死後歸葬台灣所搭載的亞米利加丸

帝的台灣總督以及後來的中華民國總統，在明石之後只有蔣介石父子是在任上過世的，然而比較其去世時葬禮的種種情形來說，外來政權意圖藉由鋪張台灣「兒皇帝」的葬禮來誇示其統治權力的意涵可謂如出一轍；甚至隨著經濟成長有著更加奢華之勢，明石死後除了留下一處略微壯觀的陵墓外並無他物，但蔣介石父子在台灣佔據數十年後卻製造了許許多多的禁地（大溪慈湖陵寢、中正紀念堂、士林官邸及各地行館），這一切只代表台灣人民由外來殖民勢力下站起的漫漫長路……。

而可憐的明石在國民黨軍敗退來台之後，被迫不得不與來自中國的難民軍團比鄰而居，甚至到後來連陵墓的全貌都不可見。在新外來政權的刻意消音之下，許多台灣人根本不認識這位在台灣現代化史上建樹頗多的殉職總督，更不知道他的墳墓就在你我的身邊。直到一九九〇年代下旬，隨著政策轉向及有線電視等媒體的開放，大量日本資訊開始進出台灣之後，台灣歷史上的日本禁忌才漸漸解除；明石的墓地也隨著十四、十五號公園預定地難民村的拆除而重見天日，目前該墓地遷移到新北市三芝區的福音山基督教墓地重新安葬，於一九九九年十一月完工。

矗立在台北林森公園上的大、小鳥居

大鳥居為台灣第七任總督明石元二郎墳塚前所立的鳥居

鳥居旁的介紹看板

明石元二郎最後的長眠之地（三芝）

由大理石所建的墓塚，上面置有當年墳上的銅板

原本位於台北明石墓上的銅板：
大正八年十月二十六日
台灣總督台灣軍司令陸軍大將正三位勳一等功三級男爵明石元二郎薨
享年五十有六越十一月三日葬於台北三板橋塋域

明石元二郎墓碑的漢詩與簡介
漢詩：十年作客轉忘家　西水歐山孤劍斜　路入台灣波影靜　春風初憶故園花

後記

拓植大學日本文化研究所教授　池田憲彥
（本篇文發表時間為一九九九年）

回到明石大佐活躍的那個時代

對於即將迎接二十一世紀來臨的現代人來說，以全球性的觀點來理解與掌握事物或許並不是件稀奇的事；但是對於二十世紀初絕大多數生活在東亞的人們來說，卻是一件連做夢也想不到的事。

在當時大多數東亞住民的眼中，所謂的世界僅限於自己生活上所接觸得到的地區；而且整個東亞彼時正接受著來自產業革命洗禮後的西歐列強近代武裝的衝擊（Western Impact），幾乎到了窮途末路的窘境。

令人遺憾的是經過了這一百年的時間，直到今天東亞世界還無法完全脫離這個衝擊所造成的後遺症；即使表面上的狀況並不如當時那般激烈，但是誰都無法否認幾乎目前所有的國家，仍然將軍事擴張與競爭當做彰顯國威唯一的手段；此般視野狹窄的國家經營之道便是這種惡質影響最好的證據。

而日本於一八六八年起所推動的明治維新之所以能夠順利開花結果，最主要乃是在於當時的國民普遍產生一股危機意識；體認到日本如果繼續苟安於以清帝國為中心的東亞國際社會的話，不久恐將淪為歐美列強新勢力的禁臠的緣故。

而這種新世界觀在日本社會的智識菁英階層中迅速得到接受最大的原因，應該是發生在一八四〇年清帝國與大英帝國之間的鴉片戰爭，眼見東亞的超強盟主在英國的船堅砲利之下竟然如此不堪一擊；日本社會的領導菁英當下警覺到再不求變，日本恐將漸次步上清國的後塵。

而明治維新展開後，整個日本上下都高舉著「文明開化」的精神標語，拚命地吸收當時世界上最先進的西歐文明；這不僅是一種不願對西方勢力服輸的自立精神之反射，同時也為了在屈服於西風之下的其他非西方世界中確保日本本身的獨立地位，並進而謀求東洋世界秩序的保全與均衡。

而日本的這種企圖首次在對外行動上的展現，便是以朝鮮半島的政治問題為導火線的日清戰爭（甲午戰爭）；雖然現在的中國政權將這場戰爭詮釋為日本對中國侵略的開端，但是對於近千年來一直臣屬於中國帝政下的韓國人來說，事實上這卻是一種追求近代獨立國家的嘗試。（甚至直到現在中國還是堅持將韓國的Seoul稱為漢城，在中國民航國際線的艙內報告或標示也維持這個舊稱，儘管韓國方面一再表示抗議也無動於衷。）

然而站在日本的立場來看，一邊是對於世界局勢的新動態早已失去感知能力的老大帝國——大清，而另一邊卻是由西伯利亞企圖南下滿洲虎視眈眈的俄羅斯新霸權；夾在兩強之間的日本深切感受到區域情勢發展的緊繃張力，但是這場日清戰爭對於習慣於傳統朝貢冊封之國際秩序的大清來說，或許只是對曾經朝貢天朝的小倭藩國的一場懲罰戰爭罷了。

然而當時的日本軍已經是由具有近代國民觀念的庶民所編成，因此完全沒有任何國民觀念的清軍根本不是日本軍的對手；在國內社會方面，在戰爭當時日本的國民幾乎沒有人不知道自己的國家正在跟大清交戰；但反觀中國大陸除了中南海的大內高層以及戰場附近的居民之外，清帝國轄下的絕大多數人民根本不清楚究竟發生了什麼事；這一點在戰爭結束之後的和談會議之中，又再度在清國眼中的化外之地、化外之民的台灣斯土斯民身上重演。

從此以後，大清帝國的國勢衰微正如江河日下一發不可收拾，這是因為長久習於舊有國際秩序的帝國首腦們，始終無法認清與瞭解國民國家已是近代世界一股不可抵擋的發展趨勢。

另一方面，在新生日本先覺者的心目中，無不將西歐衝擊所帶來的文明開化傳達給鄰近的諸異民族，當作東洋世界自保的首要之務。而且在當時的急迫情勢之下，可以說並沒有soft landing（軟著陸）的充裕時間；而這種文化發展上時間差距所造成的摩擦，也確實為相關的雙方帶來了許多遺憾的悲劇。

明石在日俄戰爭中所扮演的角色

在此我並不想多談明石元二郎於一九〇四年間在日俄戰爭中的經歷或事蹟，此一部份相信在本文中會有清楚的交待，我在這裡希望提出來的是以前一項中所描述的國際環境為前提，深入地思索明石在歐洲時期各種行動的意義。事實上對於烏拉山以西的歐俄部份，明石的心中早已策劃了一條從俄羅斯的歐洲後院進行包圍隱形的第二戰線；但是日本的參謀本部對於明石的這項大戰略卻不見得欣賞，其原因除了此項計畫本身過度冒險與大膽的性格之外，明石所編列的預算對當時的當政者來說也是一筆難以理解的超級支出。

而明石本身最難能可貴的地方則在於——他深刻地體會到在俄羅斯這個全球最大的陸軍強國的背後，隱含著為人所不知的內部弱點，這些見解有不少是來自於他一九〇二年八月以後赴任駐聖彼得堡公使館武官時所觀察得到的結果。

除此之外，明石有一部份關於俄羅斯的背景知識則是來自於同鄉的好友內田良平，身為黑龍會主要幹部的內田曾經親自探訪西伯利亞並寫下《俄羅斯亡國論》一書。（一九〇一年出版，當時的日本當局為了怕刺激俄羅斯而查禁此書）

當時俄羅斯不僅將整個西伯利亞納為囊中物，同時與清國簽下璦琿條約取得了黑龍江北岸的大片土地；甚至還進一步野心勃勃地要在南岸鋪設鐵路繼續南下深展勢力，內田為了向國內外社會展示日本應遏阻俄羅斯擴權的決心，於是乎於一九〇一年在東京聚眾成立了黑龍會。

俄羅斯帝國彼時雖併吞了周邊廣大地區的大小國家而形成世界上最大的帝國，但是來自白俄羅斯、芬蘭、波蘭、波羅的海三小國以及喬治亞、亞美尼亞等受支配民族的反抗卻無一日止息；此外還有俄羅斯帝國社會中的邊緣知識份子（Marginal Intelligen）為重心的社會主義各派、猶太人（崩得派）等反體制集團的活動也同樣在俄羅斯國內外熱烈地展開。

而明石胸中的大戰略便是將這些反抗力量完全集結起來，並轉化為對位於聖彼得堡的帝國核心的整體攻擊戰力，在此極為明顯的是此一計畫如果缺乏適當的合作夥伴的話，根本就沒有成功的機會。在日俄戰爭展開之後，日本外務省便將聖彼得堡的公使館移轉到瑞典的斯德哥爾摩，明石當然也不得不隨之移動。

此時，以爭取芬蘭獨立為目標的謝里雅克斯（明石在自己非公開的回憶錄《落花流水》中稱其為「知矢」——SHILYA）開始與明石進行接觸；他還曾經為了此一目的到過日本訪查，並且留下有關日本見聞的著作；兩人見面一談之下果然是英雄所見略同，因此後來雙方一直保持著密切的聯繫，並為構築這條日本軍在歐俄後方看不見的第二戰線盡心盡力。

而支持這項大戰略的預算之所以能得到最後的通過，不可否認的是受到兩軍對陣在歐亞大陸極東地帶的第一戰線上戰事發展的影響。

由於日軍在遼東半島的海戰及登陸戰獲得初步的勝利，因此戰線慢慢地延伸到滿洲的內陸地區（奉天大會戰），靠著日本軍效忠天皇不畏死的拚戰精神（從參加戰鬥的日軍死傷人數及消耗率即可看出端倪），奉天一戰好不容易也取得了勝利；然而此時在後勤補給方面，無法掩飾的是日軍已顯然現出捉襟見肘的窘境；因此參謀總長山縣有朋在盱衡大局之後，也不得不決定採納明石一再提出在敵後進行擾亂活動的熱切建議。

曾經在某些傳奇小說中有過這樣的說法：當時明石取得的機密活動費用總計達百萬元（現在的幣值約三百二十億日圓），而這筆款項是由當時的參謀次長兒玉源太郎所允諾，並交付當時的台灣總督府民政長官後藤新平負責籌措；如果這個傳聞果真是事實的話，那麼台灣的存在與日俄戰爭中歐洲的第二戰線構築便產生了直接的關連性。（古川薰《天邊的椅子——日俄戰爭與兒玉源太郎》文春文庫，東京）

不過當時的外務大臣對於明石的諜報戰略卻抱持著全然反對的態度。順便一提的是在美國老羅斯福總統介入調停日俄戰爭，斡旋雙方在美國的樸資茅斯舉行日俄和談會議之時，小村正是日方的全權代表；即使到了今天，小村仍然被評價為日本近代史上最有外交官風格的外交官之一。

但是個人認為從小村對明石戰略所採取的立場，以及日俄議和後桂太郎總理原已答應在先，卻被小村悍然拒絕的美國鐵路大王哈利曼對南滿鐵路的資本參加案來看，或許應該對小村有另一方面的評價。事實上小村與後來昭和時代退出國際聯盟的松岡洋右外相的確有若干神似之處，不過這已超出本文討論的範圍，在此不得不暫時割愛。

明石與列寧見面的這一段確實令人感到興味盎然，在他自著的《落花流水》中將列寧稱之為禮仁（LEI-NIN）；由此可見得明石對其人也有一定程度的推崇，後來明石應該也多多少少提供了部份的資金給列寧。

不過以列寧為首的布爾什維克派雖然與明石有所接觸，但是最後終究沒有參加明石所建構的敵後戰線行動；最多只能說在推翻俄羅斯帝國的大方向上，雙方的力量有著相輔相成的效果罷了。此外，正當日俄戰爭進行到最激烈的時期，在列寧主筆的刊物專欄中，他曾經寫下日俄兩國的比較論，並以「進步的」一詞來形容當時的日本，可說是赤裸裸地表達出其個人對日本的好感。

做為一位戰略專家來說，由於明石的事跡大部份都不為人所知，因此很不容易深入加以評論；不過做為一位保衛國家安全的幕後英雄，這原本也是無可厚非的事。這也導致於能夠清楚瞭解這半個世紀日本歷史發展的人，僅限於極少部分的專門研究人員；不過最近在財團法人社會環境研究中心所出版的特別報告《二十世紀的總括》中，第三章〈二十世紀國內外的代表人物〉對於明石有一篇題為〈在檯面下打日俄戰爭的明石元二郎〉的專文介紹。（一九九九年三月發行，東京）

由明石的足跡學習何謂超越國界的信賴感

日俄戰爭發生的當時明治開國以來不過三十餘年，日本可說尚屬遠東一隅有帝國之名而無帝國之實的一介島國；然而明石卻能在這樣的背景之下，在俄羅斯帝國的歐洲邊境上四處點燃反抗的烽火，並助長俄國境內各主要都市的暴動氣燄，成功地在俄羅斯國內外建立了一條時而顯性時而隱性的第二戰線。而明石本身的心境也得以由他當時所遺留下來的一首首漢詩中窺得一二，同時讓人不禁佩服他那與外表截然不符的文學素養。

在那個西歐人種稱霸五大洲、七大洋，儼然唯我獨尊、不可一世的時代背景下；明石卻能夠率先嘗試糾集歐洲各個不同種族、階級的反抗勢力，共同為推翻統領歐亞大陸的沙皇暴政而努力。當時的日本人甚至還被白人恥笑為黃色的猴子。

反觀馬克思在共產黨宣言（一八四八年）中所高聲宣示的：「全世界的勞動大眾們！團結起來吧！」，最後證明只不過是個無法實現的空中樓閣。然而北至芬蘭、南到喬治亞及亞美尼亞的基督教文明圈民族反抗勢力，卻在掙脫俄羅斯帝國統治的相同前提之下，由明石出面嘗試做空前的大整合；雖然結果並不如預期般理想，但畢竟各派人馬終究坐上了會議桌；這可以說是企圖由內部分裂俄羅斯這個號稱世界第一大陸軍帝國的超級陽謀，甚至連沙皇尼古拉都曾經在公開文書中譏諷日本人是猿猴之輩。

這一招確實帶給俄羅斯的當權階級相當大的心理壓力，因為這種看不見的後方戰線與勝負立判的前方戰場大不相同；其造成的心理效果不但深遠而且容易擴散、誇大，以現代的用語來描述也可以說是一種心理戰（Mind War）

無論身處於何種時代，諸多黨派間的利害關係有什麼樣的衝突，只要終極目標能夠協調一致，在其中創造出異中求同的合作關係並非不可能的事。無論敵人多麼地強大，只要是人類的組織必然有其內在不為人知的弱點，在人類歷史上諸如此類外表極為堅強，然而內部卻蘊藏著無數缺憾的例子可謂不勝枚舉。

如果我們懂得從戰略性的觀點來思考的話，經常可以在意外的地方發現敵人的弱點，但是要如何才能一針見血地洞察真相呢？最重要的便是不可為表面的假象所欺騙，並且必須深入事件背景的歷史淵源中加以追究與探索。

而明石便是藉由這種方式，將表面上完全不相干的各派反對勢力間的共同利害加以釐清，進而發現敵方潛在的最大弱點，然後試圖建構由此單點突破的統一戰線。在這種嘗試的過程中，敵方的社會便在心理上遭受到難以挽回的分割與切斷。

由此可見明石偉大的地方便在於他能夠超越國家及民族的限制，發掘出共同努力奮鬥的夥伴；或許有人會說這是因為明石坐擁豐富的機密資金使然，既然是兩國交戰我們也無法否認這一點有利因素的存在；但是無論多麼英勇的部隊也不可能打一場沒有後勤補給的戰爭。

但是明石他更值得佩服的地方是他能夠贏得合作對方全然的信賴感。無論一個人能夠蒐集到多少了不起的機密情報，或是構思出多麼巧妙細密的戰術或戰略；如果無法尋得實踐或推行計畫的千里將才的話，一切終將淪為紙上談兵的空論。

對於當時參與這個敵後策反戰略的諸多黨派來說，不可諱言的確有著不少同床異夢的扞格之處；但是彼此間或多或少還是有著一些原則上的共通點，只要這些共通點存在的話，合作關係的網路便有向外連結擴張的可能性。

然而明石所提出的構築這條第二戰線所必要的國際性串聯要素，究竟是如何形成的呢？特別是明石戰略的成功，很明顯地必須建築在廣泛並複合地結合這些反暴政力量的基礎之上；在此我們除了必須肯定明石本身在這方面的優秀能力之外，對於當時協助明石完成這條國際戰線的在地反對運動家們，我們也不能漠視他們本身優異的資質與能力。

如果我們再把焦點轉移到大東亞戰爭中的參謀本部來，可以發現這些明石的晚輩們在建立反歐美殖民政權的國際戰線之時，並不能稱得上有什麼成功的表現。在此暫且不談那些在日本諜報界廣為人知的對汪兆銘工作的梅機關、緬甸的光機關以及印度國民軍的F機關的活動評價。

除了當事者本身的立場以外，如果能夠虛心地接受旁觀者甚至於交手或合作對方的意見的話，對於事務的推展必然會有極大的助益。無論是在前線與敵軍對陣搏殺的將士，還是掌管後方補給線、握有生殺予奪的命令權的後方指揮官，能否建立起共同的危機意識亦是重要的關鍵。儘管雙方在戰爭中各有不同的指揮命令系統，但是彼此能否無私無我地形成一個合作無間的團隊，這一點將深切地影響戰局的發展。

事實上，無論是當時日本的輿論或今天的日本學者，大多認為明石所掌握的那一百萬元機密費用（結果當中明石只用了七十多萬元，剩餘的部份在他回國後連同收據帳目一起繳回）是不得了的天文數字，這一點正曝露出日本人自身的無知與淺薄，大概很少人知道當時俄羅斯光是為了取得西伯利亞鐵路滿洲支線的建設權時，究竟花費多少金額來賄賂李鴻章與袁世凱，如果連這一點都不清楚的話，恐怕很難對當時明石的所作所為有適當的評價。

明石死後世界局勢變化帶給我們的課題

根據後來公開的一些機密檔案我們可以得知，當時明石大部分的行動都被俄國的特務機關所掌握。甚至在明石臨時下榻的巴黎旅館中，都曾經有間諜潛伏在隔壁房間監聽明石與訪客的對話。（曾有俄羅斯的學者以當時特務機關所遺留下來的檔案資料進行研究，其調查內容之詳實的確令人敬佩，但是其視野略嫌狹隘的總結部分卻不禁叫人遺憾，但這也

顯示出其整體歷史觀念之不足）

在該報告中顯示，外務省的通訊密碼曾經在荷蘭的公使館被竊並遭到破解，這可說是極為駭人聽聞的史實。而且這也顯現出日本外務省在保密防諜的工夫上有待加強，這一點無論是在明治時代還是日本尚能保有獨立國格的昭和初期皆然；不過不幸的是根據各方面關係者的說法，現在的情況與當時可說是相去不遠。（在太平洋戰爭開戰前不久的一九四一年日美交涉中，在日方的外交團當中也潛藏著美方的眼線，這是現任的日本外交官由英國的前情報員處所得來的消息。孫崎享《日本外交：來自現場的證言》中公新書，東京）

雖然當時在明石所構築的第二戰線內部，俄羅斯方面的間諜亞涅夫與加邦神父已然成功地潛入；幸好當時俄羅斯的當權派本身早已腐敗不堪，因此並沒有能力展開適當的情報或反情報作戰；所以我們也可以說明石戰略的成功乃是因為敵方的失誤而得到了救贖。

以當時的國際常識來判斷，日本對俄羅斯開戰簡直是一場有勇無謀的盲動行為；但是日本最終歷經艱辛取得險勝的結果，卻帶給了當時所有受支配民族不小的鼓舞。印度的尼赫魯在獲悉東洋小國日本在遠東戰場上制服了俄羅斯帝國的消息之後，他曾經寫下自己當時興奮的心情，他直覺地感到印度的獨立將不再是遙不可及的夢想。（但是這場戰爭所造

成的國際波及效應，日本國民本身究竟瞭解多少呢？關於這個議題必須另外進行深入的探討才能得知）

另一方面，在日俄戰爭發生之後，在歐洲的知識階層間開始產生一種恐懼；原本他們以為將世世代代溫馴臣服的有色人種居然開始抬頭了。其實早在日清戰爭發生之後，普魯士的威廉國王便主動介入日清雙方議和的談判桌上；他還請求俄國與法國同時出面要求日本歸還遼東半島的割讓權，當時力量尚無法與之抗衡的日本只好默默地屈服了。（參照歸還遼東半島的詔書）

那位威廉皇帝在日俄戰後更成為高唱「黃禍論」（The Yellow Peril）的要角，雖然這件事在歐洲的確引起了相當的注目；但是曾經與明石有過一段交情的法蘭西（Anatole France），這位著名的法國作家兼評論家便曾經針對世界局勢做過長期的觀察，並預言不久的將來歐洲勢力將會在世界史的舞台上退潮，時至今日果然證明其見也明。

「富不過三代」這句話的確是不變的歷史真理。在第二次世界大戰中，蘇聯派往日本潛伏的諜報員黎希雅魯得・諾魯給，他為了牽制納粹德國對社會主義祖國的無情侵略，便曾經在日本策劃一條東方的第二戰線；而昔日戰勝的日本帝國這次卻不偏不倚地中了諾魯給的圈套，雖然後來諾魯給的行動還是被日本當局給發現了，但是其他的黨羽卻始終下落不明；一般在這種情況下，照常理來說都會派遣複數以上的隊伍以求增加成功的機率。

結果日本意外地放棄了北進的政策，整個戰爭的方向又回到日俄戰爭之後北守南進政策的老路上；或許這便是所謂的敗戰革命路線吧，日軍一方面陷入中國的泥沼之中，另一方面又在太平洋上與美國發生了正面衝突，最終漁翁得利的究竟是誰相信大家都非常清楚才對。

這種歷史的玩笑到底象徵著什麼意義？其實道理非常簡單，這表示在日本政府中已經無法產生明石這種人材了。在此並非僅意指明石個人的才能如何如何，同時還包括了願意接納明石這種富有創造力構想的政、軍領導集團。

從這個角度來觀察明石戰略的後續發展時，實在讓人感到無比的氣餒；差不多在日俄戰爭結束的同時，這項原本可引導日本進入世界舞台核心的計劃，便被硬生生地畫上了休止符。

如果不是如此的話，幾乎沒有理由能夠解釋一九一七年俄羅斯十月革命爆發之後，日本的參謀本部為何對於東北亞的變局出現那般倉皇失措的表現。（為了保全東洋大局而直言進諫的情報員石光真清，卻被當時出兵西伯利亞的派遣軍指揮官一陣劈頭痛罵，那種軍隊的官僚意識只不過是其中的一個明顯的例子。石光真清《為誰而戰》中公文庫，東京）進入大東亞戰爭之後的昭和日本時代，位居權力核心的重要份子幾乎都是一些情報無知者；眼中除了日本之外別無他物，根本看不見日本在世界舞台上的關係變化。

時至今日這種情況並沒有太大的改變，絕大多數的日本當權派根本不瞭解台灣的存在對日本安全的重要性，這同樣是根源於眼中只有日本的近視病所造成的。另外，有一部份的知識份子雖然知道台灣對於日本安全的重要性，卻因為顧忌中國的反應而不敢公開指出這一點，這種缺乏「捨我其誰」精神的知識階層恐將難以避免造成日本下一次的災難。

畢竟「知己知彼，百戰百勝」可說是千古不易的定律。

現代日本人可以從明石的台灣經驗中所得到的啓示

一九九九年五月二十二日，台灣的現代文化基金會與日本的財團法人新渡戶稻造基金以共同舉辦的方式，於省立台南社教館舉行了一場「後藤新平・新渡戶稻造事蹟國際研討會」，根據主辦單位表示這在目前的台灣可說是空前的創舉。

以來賓身份與會的奇美集團董事長許文龍先生並在研討會上發表了一篇演說，其中除了將日治時期的近代台灣與中國的發展做一番比較之外，更強調身為台灣人應虛心認識這段歷史的必要性。雖然這並非歷史學家或研究人員的評論發表，而是一位在現代國際經濟社會中成功的實業家之個人體驗，但是或許如此反而較之學者之言更具有說服力。

一邊聽著許董事長娓娓道來前半世紀的這段台灣歷史，心中也不禁問起自己：這半個世紀對台灣、日本還有整個東亞來說，究竟是什麼樣的一個時代？在面對未來的時代時，要如何走出一條更好更光明的道路；恐怕我們不只應該回顧這段二十世紀前半的歷史，還應該由全球的觀點來重新認識更早以前便展開的這段人類近代史。

在明石擔任台灣總督的時代當中，與近代史發展相關的部份筆者特別感到興趣的是一九一九年（大正八年）一月所公布的「台灣教育令」；另外還有同年七月三十一日得到天皇敕令准許，並於同年十一月四日頒布的「台灣森林令」；筆者個人認為這兩項律令所象徵的時代意義，有其值得大書特書的價值。

從結果來看，這可以說是明石任內最後完成的兩件工作，此時此刻思索今後台日關係發展的可能性，自己也不禁覺得似乎有種難以言喻的奇妙因緣存在；因為這兩項法令恰好是以台灣人的生活環境與台灣島的自然環境為主題，而且與「歷史環境中的台灣」之未來發展有著密切的相關。站在筆者個人的立場來看，對於促成「台灣森林令」順利頒布的這位第七任台灣總督明石的為人確實感到相當的敬佩。

由於此項政策所具備的環境保全精神符合了全球環保的普遍性，個人認為這項法令的頒布的確可稱許為明石在任的代表政績。（參照小森德治《明石元二郎》下卷一三九頁〈台灣森林令的發布〉復刻版原書房明治百年史叢書六五卷，一九六八年，東京）

而這項施政精神的由來，在有跡可循的範圍內究竟曾經在哪兒呈現出來呢？原來在明石就任總督時，他在民政部首次對部內全體高等官及台北各行政首長的訓示中，便自然地流露出這種施政的方向與精神。

「對於我們主政者來說，治理新領土的唯一最高指導原則便是將其建設成為與本國毫無二致的新國土。」（一九一八年七月二十三日）。另外在他對全島十二位廳長（等同於現代台灣行政的縣長）發表訓示的時候，也曾經說過如下的一段話：「本總督施政最主要的目的便是教化全島人民，使之逐漸具備身為帝國臣民所應有之資質。……而如何進行適當的教養訓練，賦予其不愧身為我日本國民所應具有之精神及能力，這個重責大任便落在各位的肩膀上！」(同年八月三日，於總督官邸)(以上兩段談話收錄於東洋協會台灣支部編《台灣時報》一九一八年八月一百零七號。此外該時報亦同時收錄有中文翻譯稿)

究竟是在什麼樣的一個時代背景之下，明石會發表出上述的這些「訓示」來呢？事實上這些觀念並不僅限於是明石個人的看法，我們可以說這是當時日本知識界所共通的一種理念；然而在統治與被統治階層的人種截然不同的歐美殖民地，其殖民官僚可以說完全沒有這種心態。因此在此所謂的「日本人化」的概念，我們可以將之視為「塑造成為可與當時先進的歐美社會抗衡的東洋人」

但是最大的問題在於此一知識界共通的殖民政策理念，並沒有成為日本國民普遍接受的信念。擔任台灣總督府第一任民政長官的後藤新平，曾經就日本人與歐美人的比較，以及自己對移住海外日本人的接觸體驗，痛切地發表過如下的言論：「日本人最主要欠缺的便是宗教觀念與信念！」(後藤新平《日本殖民政策一斑》一九二一年。一九一四年於東京演講記錄編成)

令人稱奇的是，李登輝總統在他最近所發行的一部新作《台灣的主張》中，竟然也對現代的日本人提出了同樣的批判，令筆者感到印象非常地深刻。李總統在該書中明確地指出：「日本人在信心方面非常薄弱，至少現代的日本人是相當缺乏『自信』的。」（李登輝〈日本需要政治家的「大局觀」〉）

看過李總統所寫的這篇文章之後，不得不承認自己也有同樣的感觸；其實只要是對於日治時期的台灣或日本國內的日本知識份子有所瞭解的七十歲以上的台灣人，相信在談起今天的日本人的時候都難免會有相同的感慨才對。

從後藤新平的演講中我們可以得知，李總統基於對日本政治家的深切期待所提出批評的這些問題，並非從今天才開始發生的，這使得身為日本人的我不得不重新關注這一點。同時筆者希望傳達給各位讀者的訊息是，李總統所提出的這項疑慮不僅是沿襲自近代日本的歷史難題，更是我輩經歷過同時代的日本人必須永遠面對的課題。

然而，各位讀者必須注意的是，在此課題上現代日本同時存在著沿襲近代與未沿襲的兩個面向；那便是在日本的知識界與一般國民對於國家安全的認識上，以第二次世界大戰做為分野的近代日本與現代日本的最大差別。

在國際局勢強弱對峙的情況下，日本以明治維新做為起點不得不被迫打開了國門，在此所討論明石的主題與其也有密切的關聯；但是看在歐美列強的眼中，日本所選擇的始終是一種過度防衛的路線。

但是恰恰與其相反的是，在第二次世界大戰戰敗以後，或許有部分源自於美軍所強制制定的佔領「憲法」（？）的影響；日美兩國間所簽訂之大開近代史發展倒車的安保條約，卻受到絕大多數日本國民的漠視。這半個世紀以來，在日美安保條約的名目之下，日本竟然將保障自身國家安全的重任完全委託給美國；結果造就了一大堆對自己國家毫不關心、莫名其妙的日本人，對於當時明石等先人所縈念的當務之急更是當成天方夜譚。

因此才會出現一代又一代李總統口中「沒有大格局」的政治人物，這些只求平安昇遷、缺乏格局的政治人物事實上與「政客」已相去不遠。從國家安全與地區和平的角度來看，這些無知的政客對於目前東亞社會的現況，可說完全無法掌握瞬息萬變的國際氣氛。

於是乎這三十年來，只要東亞諸國別有用心地提起所謂歷史清算問題的時候，日本政府便只能卑躬屈膝地不斷重復道歉，如此苟且偷安、漠視歷史發展的心態，根本無法體會先人明石究竟是以如何的心境，決定選擇台灣做為自己永遠的埋骨之地。

在此我們不禁要問：明石、後藤乃至新渡戶等近代日本的有識之士，他們的信念與自信究竟是如何營造出來的呢？原因其實並不困難，那是因為他們能夠在比較國際情勢的前提之下，誠懇而切實地掌握歷史的發展趨勢罷了。

對當前的日本來說，這也是今後唯一正確的道路，而其中最快的捷徑或許正是重新釐清近代日本與台灣之間的關係史；然而這絕非日本單方面努力便能夠完成的事，而是應該尋求台灣方面的合作，儘可能發掘當時的各種第一手史料。

在這樣的國際觀重建的過程中，不僅限於台日兩國的未來關係發展，甚至於東亞社會將來的發展也應納入探討的範圍，如此不斷討論的結果方可架構出實現的基礎。在此不應該再淪入上個世紀防衛優先的消極保守態度，而應該積極地去探索「什麼才是東亞社會所應該追求的集團性安全保障與民生安定的將來。」

結語——本書誕生的經過

日治時期的台灣總督明石元二郎先生的石棺，在台北市進行公園開發的都市計畫時被挖掘了出來，當時的台北市市長陳水扁先生對此案的處理抱持著尊重先人的態度，特別將其遺體火化暫時保存在骨灰罈中。

以另類國際情報作家聞名的水木楊先生，他曾經寫過一本名為《乾坤動亂盡收掌中情報將軍明石元二郎的日俄戰爭》（新潮文庫一九九四年，東京）的傳奇小說，書中對於明石作為的評價或許有溢美之處，但是其中對於日本帝國外交政策批評的部分卻頗值得玩味。

儘管這本小說有著上述美中不足之處，但由於其論述的焦點在於情報活動方面，並從當時的國際關係來追蹤明石的足跡；因此書中也引用了不少相關的歐美文獻記載，較之過往的明石人物評價有其更深層的瞭解與詮釋。相信這本小說對於誇稱生活在情報資訊社會，卻渾然不覺情報為何物的日本人讀者來說，應該能發揮一些啟蒙的效果。

在該書的結尾作者是如此地描述的：「明石的墳墓不久便完全為百姓汲汲營生的作為所淹沒，再也不留下一絲痕跡，而他的遺骨也將化為台灣的塵土永遠地陪伴著這塊大地。」不過這畢竟只是小說為求浪漫的修辭手法，事實卻並非如此。

後來筆者聽說明石的遺骨有移置到台北近郊的觀光勝地——烏來的計畫，與當地原有的一處高砂義勇隊靈園合併在一起。一九九八年二月，在相關的旅日台灣人耆老的介紹之下，筆者還在當地負責人的引導之下到現地進行訪問。

結果發現烏來的確是一處風光優美的遊覽勝地，但是從當地負責推動此一計畫的人士的談話中，筆者卻不禁感覺到一陣陣無奈的感慨，恐怕此一移靈計畫並不容易如預期般順利地完成。

而一向為筆者所敬重的ＨＳ先生，從產經新聞上得知有關明石的石棺被挖掘出土的消息之後，主動向筆者提出是否能設法安靖先人明石的英靈的建議，而這也正是本書發行動機的源起。

於是筆者便嘗試與日台雙方的友人討論這個意見，希望這本以台灣人的立場出發，為曾經興建日月潭水力發電廠等重大建設的台灣總督明石編寫的傳記，能夠在眾人的協力之下早日問世。最後筆者向一位受日本某方面委託處理明石墓地重建事務的ＹＭ先生提出，在墓地重建之外再另由台灣人主編此本傳記的建議，當下便受到極大的贊同。

近百年前來自西方與北方的西歐勢力衝擊到東亞社會引起了日俄戰爭，明石在這樣的背景之下將偌大的歐亞大陸納入整體情報戰略的架構之下；這種雄才大略的作為，無論是對台灣人還是日本人來說，都有其值得反省及學習的地方。在面對今後的東亞國際社會與祖國命運發展的同時，讓我們再一次回到明石思案的原點，相信一定能有不小的收穫。

拓植大學日本文化研究所教授

如果本書的發行真的能夠為台日雙方進一步的發展帶來些許正面影響的話，那便再好不過了。

本書的出版經費乃是由筆者的友人所提供，由於他本人一直謙稱這並非什麼了不起的大事，因此特別交待筆者要保留其姓名；不過筆者希望有一天能有適當的機會向大家介紹這位熱心的人士，事實上，明石可以說是這位友人同鄉的先輩賢達。

還有順道在此一提的是，相信本書發行的原意與《認識台灣》教科書的推出是相當一致的，也希望本書的發行能成為台日文化合作上的一個成功的範例。希望這樣的一個嘗試能夠為將來雙方交流帶來若干拋磚引玉的效果，筆者在此衷心地企盼。

明石元二郎年譜

一八六四　8月1日，明石元二郎生於福岡市天神路町的士族明石助九郎家（次子）

一八六六（3歲）父親助九郎貞儀切腹自盡

一八六九（6歲）遷居遠賀郡藤木村，不久又隨母親（秀子）遷至娘家吉田家

一八七六（13歲）至東京求學

一八七七（14歲）入陸軍幼年學校

一八八一（18歲）入陸軍士校

一八八三（20歲）12月畢業，任官陸軍少尉，配屬步兵第12聯隊，翌年再調至第18聯隊。

一八八六（23歲）12月至戶山學校當教官

一八八七（24歲）入陸軍大學，4月升任陸軍中尉

一八八九（26歲）自陸軍大學畢業，配屬步兵第5聯隊

一八九〇（27歲）12月至參謀本部直屬單位任職

一八九二（29歲）與福岡藩士郡利氏之女國子結婚

一八九三（30歲）8月至奧國參加閱兵
一八九四（31歲）2月赴德國留學
一八九五（32歲）2月回國，4月參加近衛師團，5月29日至台灣三貂角，8月～11月轉戰台灣各地（升任少校），12月受四級金鵄勳章
一八九六（33歲）9月奉派至台灣及安南出差
一八九七（34歲）9月於陸軍大學兼任教職，11月出任九州地方官的審判官陪從
一八九八（35歲）赴南洋考察
一八九九（36歲）入參謀本部任部員
一九〇〇（37歲）參加八國聯軍進攻中國之役
一九〇一（38歲）晉升為駐法公使館武官
一九〇二（39歲）為駐俄公使館武官
一九〇三（40歲）晉升為陸軍大佐（上校）
一九〇四（41歲）赴歐洲考察；從事諜報任務（～一九〇五年）
一九〇六（43歲）為駐德大使館武官，12月回國後派赴金澤擔任步兵第七連隊長

一九〇七（44歲）晉升為陸軍少將補第14憲兵隊隊長，鎮壓朝鮮人暴動；與黑田藩大老之女信子結婚

一九〇八（45歲）為駐韓國軍參謀長兼憲兵隊隊長

一九一〇（47歲）昇任朝鮮駐箚憲兵隊司令官

一九一四（51歲）晉升為參謀次長

一九一五（52歲）轉任第六師團長

一九一八（55歲）6月6日任職台灣總督，7月2日晉階為陸軍大將

一九一九（56歲）8月20日任職台灣軍司令官，10月24日死於福岡，11月3日下葬於台北三板橋

國家圖書館出版品預行編目資料

明石元二郎：埋骨台灣的一番總督 日俄戰爭的諜報大將 / 賴青松編著. -- 初版. -- 臺北市：前衛, 2018.07
304面；15×21公分

ISBN 978-957-801-849-5（平裝）

1. 明石元二郎　2. 傳記

783.18　　107010655

明石元二郎：

埋骨台灣的一番總督 日俄戰爭的諜報大將

編 著 者　賴青松
責任編輯　張　笠
出版策畫　林君亭
封面設計　康學恩
圖片提供　甘記豪（部分圖片提供）
電腦排版　宸遠彩藝

出 版 者　前衛出版社
10468 台北市中山區農安街153號4樓之3
Tel：02-25865708　Fax：02-25863758
郵撥帳號：05625551
購書・業務信箱：a4791@ms15.hinet.net
投稿・代理信箱：avanguardbook@gmail.com
出版總監　林文欽
法律顧問　南國春秋法律事務所

經 銷 商　紅螞蟻圖書有限公司
臺北市內湖區舊宗路二段121巷19號
Tel：02-27953656　Fax：02-27954100

出版日期　2018年7月初版一刷
定　　價　新台幣360元

Printed in Taiwan　ISBN 978-957-801-849-5